本书为

浙江大学宁波理工学院经济与贸易学院 "一化三型"人才培养工程教学成果

浙江大学宁波理工学院大学生暑期社会实践成果

丛书编委会

主　编　肖　文

副主编　樊丽淑　林承亮

编　委（按姓氏拼音为序）

陈　恩　丁　宁　董新平　冯　艳　傅晓宇　郝立亚　洪　青

姜丽花　李成刚　李荷迪　李雪艳　林建英　刘　彬　刘冬林

刘吉斌　刘　平　娄赤刚　马　翔　潘冬青　邵金菊　孙伍琴

覃美英　滕　帆　王传宝　王　培　肖　玮　谢京华　许为民

张　炯　张　腾　周春华　朱孟进

高校"一化三型"人才培养践行记

主 编 肖 文

电商大课堂：点击创业梦

许为民 张 炯 编

ZHEJIANG UNIVERSITY PRESS

浙江大学出版社

序

  为适应现代经济社会发展对高素质应用型人才的需求，践行"抓学科建设，促教学质量，上科研水平，办高水平应用型大学"的办学理念，贯彻"应用型、复合型、创新型"的人才培养目标，浙江大学宁波理工学院经济与贸易学院结合自身特色、创新教学模式，探索出一条具有"经贸特色"的人才培养道路。2013年，经贸学院开启了"一化三型"人才培养工程，即"应用型、复合型、创新型和国际化"人才培养，以课堂教学为基础，拓宽学生理论视野；以学科竞赛为抓手，培养学生团队协作；以暑期实习为支点，提高学生实践能力；以海外游学为载体，丰富学生人生阅历，拓展学生国际视野，培养学生国际化、多元化文化理念和思维习惯。通过"践行悟道"，力争培养"品德高尚、知识广博、专业精深、知行合一"、具有国际视野的优秀人才。

  "一化三型"人才培养工程是经贸学院教书育人的"品牌活动"，亦是学院教学实践改革的有益探索。本系列书以"一化三型"人才培养工程实践为基础，记载工程实施第一阶段的系列成果，其中《经行天下——外贸企业实践篇》记载了国际经济与贸易专业学生在外贸企业认知实习和专业实习的点点滴滴，从学生的"悟道"体现实践教育的重要意义；《股神点将台》聚焦专业课程"证券投资"的实践教学成果，以此展现金融专业人才培养的特色，正所谓"一课堂一专业"；《电商大课堂：点击创业梦》记录了电子商务专业学生在创业之路上的酸、甜、苦、辣，充分展示了电商学子创业的激情与风采；《盛夏—流年—收获：宝岛台湾游学记》则主要记载了学院学生台北游学之行的点点滴滴，记录了他们的感悟、收获与成长。

  "十年树木，百年树人"，人才培养是立校之本。"一化三型"人才培养工程紧跟当前经济发展形势,把握现阶段人才需求,以课堂教学为基础,以实践教学为抓手,培养"应用型、复合型、创新型和国际化"人才。从工程实施第一阶段来看,有四点经验值得肯定,也值得在高等院校人才培养过程中进行推广。

第一,重视实践教育,专业建设"特色更特"。专业建设不仅需要校内课堂,也需要社会课堂,只有两者结合才能使学生具有全局意识。"纸上得来终觉浅,绝知此事要躬行",加强课堂教学与社会实践对接,以暑期社会实践、企业认知实习等为抓手,积极鼓励学生"走出去",参加社会实践等活动,培养学生实践动手、团队合作等能力;同时加快企业"引进来",让更多的企业能够融入课堂,为课堂教学提供亲身实践的场所。

第二,组织学科竞赛,品牌活动"亮点更亮"。电子商务等专业通过"调研、竞赛、创业"三驾马车,来打造专业实践教学改革、实践能力塑造、实践人才培养的教学体系。在此过程中,学科竞赛起到承上启下的桥梁作用,通过竞赛,既能将学生课堂所学应用于实践,又能为将来职业发展提供新的想法,打下扎实的基础。所以,实践教学体系构建过程中,应当充分关注"挑战杯""电子商务大赛""职业规划大赛"等特色活动,打响系列竞赛品牌活动。

第三,鼓励学生创业,人才培养"优势更优"。电子商务专业紧跟当前经济形势下的人才需求,积极调动学生创业兴趣,《电商大课堂:点击创业梦》一书中记载的学生创业的点点滴滴,为创业优势人才培养提供了宝贵经验。所以,人才培养应当把握当前人才需求现状,尤其注重现阶段紧缺的创新型、创业型人才。通过开设创业指导课程,帮助学生联系相关机构,为学生创业提供咨询,激发学生的创业热情和激情,使得专业人才培养优势更为明显。

第四,突出学生国际视野,用特色化与国际化"两条腿走路"。学院通过积极拓展海外交流平台,鼓励学生走出国门,通过游学结合,增学识、长见识、开眼界,与国内教学形成互补,使学生自觉加强国际意识,主动参加国际化学习活动,不断增强自身国际竞争能力。

肖　文

2015 年 7 月 15 日

目 录

第三篇 坚守:实现创业梦

附 录

第一篇

选择：踏上创业路

李世阳
长远眼光抓机遇，跨境电商卖咖啡

文/图：韩　宇　邵亚萍　曾华斌
指导教师：张　炯

创/业/者/名/片

李世阳　浙江大学宁波理工学院经贸学院电子商务专业 2014 届毕业生，现任宁波市保税区飞戈电子商务有限公司运营、物流和行政总监。公司主营免税进口中高档咖啡业务。公司已经入驻天猫商城，目前在保税区还经营一家 700 平方米的实体咖啡店。

李世阳工作照

🌐 第一桶金

"我兜里只有 20 元，怕什么，哪怕赔了也就 20 元嘛。"李世阳笑着谈起自己的第一次创业经历。

李世阳在大二的时候就赚得了人生的第一桶金：两个月净收入五万元。虽然现在五万元并不算什么，但当时在学生当中，他算得上是传奇了。当立体式收音机风靡宁波各个大学校园时，在广交会上看中了无线耳机的李世阳首先将其引入了宁波市场，他考察了宁波的耳机市场并对其作了风险评估，觉得既然能做就要敢于去尝试。他拿出了别人所没有的魄力和坚持，奔波于宁波各个高校之间，为无线耳机开辟市场。起初，他以宁波理工学院和万里学院两个学校为试验点，在取得了一定效果之后，再引入宁波其他院校，由此获得了创业人生中的第一桶金。

"不瞒你说，我的耳机后来打入了宁波市所有的高校。"李世阳沉稳而自豪地说。

创业的关键在于你能否看中市场机遇，把握机遇，成为第一个吃螃蟹的人。记得李世阳曾经说："既然要做，那就一定要做第一个。"面对新兴事物的引进，我们曾问他是否考虑过失败，一旦新兴产品的引入不为人们所接受那他该怎么办。就像把鞋子引入一个无人穿鞋的岛屿，其中的风险是难以估量的。

"对产品的不信任，对传统立体式收音机根深蒂固的信赖，这一切的一切都将成为无线耳机进入宁波市场的拦路虎。"李世阳说，这一切都是未知的风险。当他引入耳机进行尝试的时候其实自己心里也没有底，他能做的只有想好对策，情况良好自然可喜可贺，情况不好时他也要想好如何应对。然而财富偏爱有魄力的头脑，最后李世阳还是成功了，无线耳机凭着它新颖时尚的外观和稳定的信号接收能力，自然而然地取代了传统的立体式收音机。大二时的李世阳获得了创业的成功，感受到创业的刺激，为他日后的发展奠定了良好的基础。

化险为夷

李世阳向我们讲述了他在大学四年中的创业历程，对于他的经历，身为大一新生的我们既充满了惊讶又十分向往，那种生活很是让人憧憬。他刚进入校园的时候跟我们一样满怀激情，总想拼出一番天地，想自己创业的念头充斥在他的脑海中，一直提醒着他，激励着他。但并不是每个人都有勇气去创业，也并非每个人都能在激烈的竞争中脱颖而出，李世阳在竞争中，以其独特的视角追寻并且抓住机遇，创造了财富。

他凭着一股子韧劲和不服输的精神在大二下半学期做起了"代运营"。代运营公司是传统企业涉足电子商务领域的重要力量，从网站建设、营销推广、数据分析、渠道分销到仓储物流，代运营公司在电子商务运作的各个环节上相对传统企业优势明显，不仅得到了传统企业的倚重，也受到了新型企业的青睐。起初李世阳做代运营时也曾尝到了一些甜头，然而理想有时候和现实是背道而驰的。当时他以为这会成为他以后引以为豪的事业,但问题很快出现了:"代运营"的销售商地址和发货商地址并不统一,一旦货物出现毛病,不能很好地处理就会引起一系列其他问题,而且售后服务也没有保证,这成为"代运营"模式的致命弱点,所以,他决定全身而退。

凭着李世阳敏锐的洞察力,他马上组织团队开会研究商讨策略。重新洗牌后,他们将目标转向了实体经营,采用线上线下双赢的模式,进一步扩展自己的事业,这其实有点像今天的O2O(线上到线下)。李世阳将主营商品定位为进口咖啡豆和进口保健饮品,线上以"专业化"和"意式化"作为自己的核心竞争力,线下他将供货商和营销商一体化,不仅解决了货源问题,还在保税区开辟了自己的一方天地,经营一家实体咖啡厅。

三个臭皮匠,赛过诸葛亮

"三个臭皮匠,赛过诸葛亮。"其实李世阳不是一个人在奋斗,他的团队总共有四个人,分管美工、行政、人事、文案,以及物流。麻雀虽小,五脏俱全,要说这四个人,可不是随便找来滥竽充数的。就拿他们的设计师傅欣欣来说,大一的时候就在省级设计大赛中拿到过一等奖。李世阳觉得她不仅技术出类拔萃,而且理念极具创新性,这与自己的创业计划不谋而合,所以,李世阳决定,一定要把傅欣欣请到自己的团队里。

李世阳与傅欣欣是在体育选修课上认识的,当时李世阳知道她是学广告设计的,却没料到她将来会在自己的团队里扮演一个重要角色。当李世阳真正认识傅欣欣后,他开始主动和傅欣欣交流,逐渐把他的想法和计划与傅欣欣分享,最后两人很快在一些方面达成了共识。而且,李世阳帮傅欣欣分析了她的优劣势。她在广告设计作图方面游刃有余,但却不懂营销,更不懂电子商务。而在他这里不仅能够充分发挥专长,还能学到不少东西,最重要的是他们在一起创业,能够创造财富。不久,李世阳正式邀请傅欣欣加入自己的团队,傅欣欣立马答应了。她看中了李世阳敢想敢做的闯劲和敏锐的洞察力,觉得跟着李世阳更有发展机会。其实中途有几家公司曾经出重金想要把傅欣欣挖走,她却十分坚定地留在了李世阳身边,跟他一起奋斗到现在。暂不说他们以后成功与否,就凭他们之间的友情就着实令我们感动。

李世阳能说会道,对事物有比较准确、周到的分析,这对团队日后发展与参与市场竞争起到了重要作用。团队精神无论在哪个领域都起着至关重要的作用,他将团队所需的人才集中到一起,凭着敢拼敢干的精神和魄力,奋力一搏。

我们问他团队成员之间的关系如何,李世阳告诉我们:"每个人都有自己的特征和优缺点,永远和平是不可能的。有次我们几个意见不合,也吵得不可开交。原因是我觉得欣欣的理念太过天马行空,过于理想主义,而我的目标再明确不过,那就是赢利。就在大家都沉默了几天之后,我联系其他三个人,在饭桌上借着酒劲儿说了许多心里话,那之后大家更加团结了,争吵虽然时常发生,但朋友之间的感情却越来越深了。"

无论一群年轻人在创业的道路上遇到多大困难,他们都在凭自己最大的努力前进;无论在管理理念、经营模式上有什么分歧,只要大家坐在饭桌上,举起酒杯,就把什么话都讲开了。不是所有的创业都像电影《中国合伙人》里说的那样,千万不要跟自己的好兄弟合伙开公司,其实创业伙伴是可以互相理解、互相信任的。众人拾柴火焰高,团队合作远比个人作战来得好。

生于晋商世家,偶结咖啡情缘

李世阳祖籍山西,父母都是山西大同人。他们家一直以做生意为生。李世阳从小成长在晋商世家,学到了很多校园里学不到的东西,也继承了他父亲的生意经。他父亲从小教导他做生意要诚信,做人更要诚信。李世阳本着诚信为人、诚信做事的精神在商场打拼,身边的朋友越来越多,个人信誉也越来越好,为他后来的发展积累了广泛的人脉。

李世阳高中的时候随父母到了广东,当时他父亲经他舅舅介绍在广东做咖啡生意,上高中的李世阳就对咖啡产生了浓厚的兴趣,也常常跟着父亲和舅舅奔走于中国和南非的咖啡市场。从那时起,他对咖啡懂得越来越多,对做生意也逐渐摸索出许多自己的路子。

李世阳给我们介绍了许多关于咖啡的知识,也给我们简单分析了中国的咖啡市场。他把自己的产品定位在意式咖啡,原因有很多:经常饮用咖啡可以加速肌肤的新陈代谢,加速排出废旧角质,淡化因循环不畅导致的黑眼圈;另外就是抗氧化,常饮咖啡能让肌肤细胞保持充沛活力,防止细胞氧化,对抗衰老。近几年中国的咖啡需求逐渐增长,而国内大多数商家供应的咖啡质量一般,很多都是利用了中国消费者不懂咖啡的现状而从中牟取暴利。李世阳选做意式咖啡,是因为意式咖啡做得比较专业,口味比较纯正、浓郁。法式咖啡的特点是花样繁多、造型美观;美式咖啡的特点是简单速成,一般的咖啡店里并不出售这种咖啡。广大消费者对意式咖啡情有独钟,因此,他打起了意式咖啡的主意,一边想办法普及咖啡知识,一边在等待一个机会,一个能让他在咖啡事业上崭露头角大干一场的机会。

把握时势,鱼跃龙门

李世阳现在正在装修他位于宁波保税区的咖啡厅。咖啡厅为什么选在保税区?说来话长。宁波保税区于1992年11月经国务院批准设立,分东区、西区、南区,总面积2.3平方千米,是浙江省唯一的保税区。区内享有"免证、免税、保税"政策,现由海关部门实行特殊监督,是我国对外开放程度最高、政策最优惠的经济区域之一。

2013年年底,宁波与上海、重庆、杭州、郑州一起被列入全国首批5个开展跨境贸易电子商务服务试点城市。宁波保税区是全国两个之一、浙江省唯一开展跨境贸易电子商务进口业务试点的区域。"跨境"一词包含的种种不便,或将在跨境贸易电子商务带来的产业变革中,在人们的记忆中渐渐淡去。

统计数据显示:2012年中国海外代购市场交易规模达78亿美元,较上年同比增长82.2%,2013年超过120亿美元,增长率超过50%,"跨境购"正逐渐成为国内消费者关注的焦点。宁波保税区跨境贸易电子商务进口业务试点对企业来说非常具有优势,宁波保税区临近港口,由于货物在保税区内保税存储,先出区后报关,减少了企业的资金压力,未出区的货物可以直接退回海外,免征关税。多年来宁波保税区已累计引进130多家仓储物流企业。目前,保税区还配备了顺丰、申通、宅急送、邮政EMS等一批国内一流的专业电子商务物流配送快递企业,为跨境贸易电子商务提供了物流保障。

未来,宁波保税区将被打造成为电子商务进口商品分销基地,力争到2015年年底引进和培育3~5家电子商务龙头企业,形成1~2个电子商务集聚专区,集聚200家电子商务企业入驻;力争使进口快销品电子商务销量进入全国前列,跨境贸易电子商务年交易额突破50亿元。

由于政策的支持,保税区同时也为大学生创业营造了良好的条件。李世阳就是这一政策的受益者。凭借着优秀的团队和较为丰富的操作经验,他们顺利地拿到了宁波市保税区正正电子商务公司的投资方案,成立了正正电子商务公司子公司——宁波市飞戈电子商务有限公司。李世阳的货源来源于正正公司和家族的生意关系,线上主要是入驻天猫商城,以批发经营为主;线下

宁波跨境贸易电子商务基地

宁波保税区网上商城

主要是经营一家实体咖啡厅。由于项目需要,正正公司张总经理把一家 700 平方米的咖啡厅交给李世阳经营,从装修到员工工资的发放,经费全部由正正公司承担,他只负责店铺的管理和运营。考虑到他们工作的便利性,正正公司还免费提供了一套 50 平方米左右的房子供他们居住,这样的优惠条件在以往还没有先例。我们采访时咖啡厅正在装修,说到这些,李世阳有时认真严肃,有时又把自己"海夸"一顿。咖啡厅计划 2015 年年底试运营,然而我们已经迫不及待想去那里一睹风采了。

创业就是在不断地追寻机遇,然后抓住机遇。然而机遇转瞬即逝,大学生创业就是要在那机遇的流沙中努力抓住最好的一把。随着跨境电子商务的快速发展,李世阳的电商梦正在一点一滴铸就起来。我们无法预测李世阳将来会有怎样的成就,但他的确抓住了这个时代、这个领域最宝贵的机会,或者说,他为自己的未来创造了无限机会。

采/访/后/记

通过此次采访,我们不仅对跨境电子商务有了更加直观深入的了解,同时也在心中埋下了创业的种子。电子商务在中国发展迅速,但跨境电子商务仍处在电商发展的萌芽期。作为新一代电商发展的后备军,我们不仅要谨记前辈们丰富的经验和教训,还要大胆实践、敢于创新,努力为中国电子商务的发展做出努力和贡献。

教/师/点/评

李世阳早在学校里就开始了一系列创业活动,他被师生公认为是一个伶牙俐齿、善于交际,具有领导和组织能力的人。他的性格十分适合创业,他的家庭背景对创业也有颇多裨益。正由于此,李世阳能很快与正正电商形成非常紧密的合作关系。在当前的创业起步阶段,他能够把握住保税区跨境电子商务出现的难得机遇,把实体咖啡店经营和线上经营结合起来,对企业的生存和后续发展都会有重要意义。

周 亮
纸上得来终觉浅，数年求索得前程

文/图：江维丽　沈哲斌　董丽妹　刘晓俊
指导教师：林承亮

创/业/者/名/片

周　亮 浙江大学宁波理工学院经贸学院电子商务专业2012届毕业生。2012年加盟财付通聚惠网站平台，目前拥有三家店铺，主要经营服饰、家纺、家具等各方面的团购项目。在销售旺季，月交易量可达2000～3000件左右。

周亮生活照

🌐 白手起家，创业征途"生死未卜"

他，有着开明又谨慎的进取精神，懂得激进又温和的舍得之道，为生活添彩，为理想插翼。大学四年毕业，每个人都可能面临着这样一种选择：安稳地就业还是做一个孤独的创业者？在2011年团购网站激烈竞争的背景下，周亮最终还是选择听从自己内心的声音。

"大学四年，现在回想起来，真的给予了我好多好多。"

周亮在大学里也可以称得上是收获显著、成绩优异。他曾获得一等和二等奖学金,担任过信息调研队队长、团支书、班长、党建联系人、党支部副书记、党员发展中心负责人等学生干部职务,各方面工作经验的积累,无疑培养了他的创业精神。但是,真正要创业,光有理论方面的知识是远远不够的,需要的东西太多太多。

2012年,周亮作为一个大四准毕业生,与其他的同学一样,都必须认真地去思考一下自己的人生。一开始,周亮和大多数准毕业生一样去公司实习。他找到了一家与自己专业相关的公司,虽然后来走上了创业的道路,但是这次实习对他而言并不是一无所得的。

"那时候是2012年年底,大四的时候和许多人一样,因为要实习,我先找了份工作做女装,在南部商务区的天猫店。那时候我才真正开始接触电商,以前在学校学的都是理论知识,比较抽象。工作以后,接触了产品,了解了一些推广技巧,包括平台的销售,知道东西如何去卖,公司如何经营。"

实习让周亮学到了不少东西,但这次实习真正重要的并不在于此,而是让他发现了一个别人不要的"机会"。

"那时候我们有很多同学在团购网站工作,比如宁波的麦兜团,因为在早几年的时候,团购是很火的,那时候讲'千团大战',就是说关于团购的项目是最火的,有点类似于现在讲的O2O、P2P(个人对个人小额借贷)、众筹。那时你有一个网站的话,你就可以去融资,去获得风险投资。但是在2012年的时候,团购网站已经倒闭得差不多了,整个行情不是特别好。"

即使是面对这样一个"烫手的山芋",周亮也有着和别人不一样的想法,这个想法最终让他开始了创业的征途。"我就想尝试性地做做看,就是实践一下,生意从头到尾怎么把它给做下来。"抱着尝试的心态,在大四第一个学期末,他去注册了公司。没有场地,就找老师帮忙解决;没有钱就找同学借,三千、五千……,凑成三万元注册资本后,周亮就这样开始做了。慢慢地,一些产品,像鞋子和数码产品开始在网站上卖了。

从有创业的想法,到实施自己的计划,不仅是由于他有着不同于其他人的看法,更是源于他内心的创业冲动。周亮心中创业的萌芽其实源于高中时期老师经常放的《赢在中国》电视节目。

这档鼓励创业的节目给当时正在读高中的周亮很大的启示,让他明白找工作不是唯一的出路。而且在《赢在中国》中人人机会均等,年龄、学历、性别、籍贯,都不是你被选中的必要条件,只要你拥有创业激情和商业才干,你就有机会成功,这对原本就想有自己事业的年轻人来说,无疑是一针兴奋剂。这样的鼓励一直萦绕在周亮的心头,并在五六年之后终于促使他付诸实践。

对创业的前途周亮并不是十分有把握,他既没有创业的经验,也没有足够的资源。但让他顶住风险、毅然创业的正是他的激情和本身的才能,以及遇到了一个合适的机会。这些因素最终让他白手起家,踏上创业征途。

步履维艰,淘金路上困难重重

虽然创业的想法已经确定下来,但是在真正付诸实践的过程中,遇到的困难比预期的还要多,更加难以应付。"创业者在开始的阶段,其实就是一个幻想者,怀着美好的想象去开拓,注定要遭遇冷嘲热讽、怀疑、否定等一切言论,当你从听一个人这样说到听 100 个人这样说的时候,估计自己也动摇了吧?"

因为父母都不是创业者,周亮担心家人不认可他的创业行为,所以对于家人,他选择缄默不语。也正因如此,他既没有社会上可利用的资源,也没有家里的帮助,创业的困难可想而知。

没有任何的启动资金,怎么办?周亮并没有因此放弃,他找同学、朋友借,甚至去银行贷款,就这样,最终筹集到了十几万元的启动资金。作为一名普通的毕业生,在这之前他也考虑过风险:创业能否成功? 如果失败,这些钱该怎么还?

"创业风险当然是有的,但是我觉得我当时能够承担。我也想过,如果失败了,公司做不下去了,我可以把公司抵押掉,把钱拿回来还朋友和银行贷款。"有舍必有得,舍小才能得大。就这样,周亮很坦然地消除了绝大多数创业者都会有的顾虑。资金的问题暂时算是解决了,接下来最棘手的就是货源的困难。

当时的周亮还是一个在校就读的大四准毕业生,找到社会上的资源对他来说非常困难。团购这一行业和资源是密切相关的,作为一名普通的在校学生,没有任何的工厂渠道,货源问题怎么解决呢? 只能多去接触、联系一些手上有这类资源的同学朋友了。

依靠大学期间建立起来的关系网,周亮一个个去找手上或者家里有资源的同学和朋友,拜托他们去问有没有认识的人,是否可以帮到他。"当时找到一个同学家里是做家纺生意的,我们就找到他,和他谈能不能给我们提供家纺产品。后来那个同学就一直是我们家纺产品的货源,现在家纺产品已经是我们的主要产品之一。"第一次的成功给当时处于迷途状态的周亮打了一剂强心针。此后,周亮联系到的产品逐渐增多,产品在平台上的销售量也慢慢增加。曙光终于来了!

毕业以后，公司需要更多的供应商来提供资源，这个时候仅靠学校里的关系寻找货源的方法已经行不通了，只能尝试其他的办法。比如家纺产品，他就去淘宝上找资源。他找到一个销售家纺产品的店家，让店家提供货源，但是在提供了一些产品以后，问题也随之而来。

"有一些人在淘宝上卖家纺，我们就找到他，问他能不能给我们供货，聊了以后发现还是可以的，因为对他来讲也是多了一个销售渠道。当拿到他的产品以后，我发现这个产品的价格太高了，因为他前面还有一个经销商，经销商前面还有一个厂家，经过好几关，价格优势就比较小了，而团购价格必须比较低，所以这条路就走不通了。"迫于无奈他放弃了这种途径。

要拿到更低价格的产品，就必须去寻找家纺这类产品最初的生产厂家在哪里。于是，周亮就不停去问、去找，追溯产品的货源所在地。一步一步探索下来，周亮终于发现大多数的家纺产品都是江苏南通生产的。

周亮首先去找南通那边的一个企业品牌商，商家也是一边做生产，一边开淘宝店。在周亮诚恳的请求下，商家同意了供货，打通了这条路，他们的产品有了更多的价格优势，之后的家纺类产品他们一直做得很好。

当找到并确定了供应商的时候，如何合作就成了下一个问题。比如，供应商拖欠货物、不守信用，这是绝大多数创业者都有的担忧，这又该如何解决呢？对此周亮信心十足："我们很少出现这种状况，因为我们的很多供应商都是认识的人介绍来的，有这层关系在，会更加信任一点。"所以人脉的建立非常重要，当然，更多的信任是在合作过程中建立起来的。

到目前为止，周亮已经有一个由四五人组成的团队。正式员工的基本工资在三四千元左右，有时还会招一些兼职工。而团队的收入和平台活动有关，分旺季和淡季。生意好的时候一个月有十几万元的营业收入，如果在淡季，也会有生意十分惨淡的时候。"把握好团队的人数也是很重要的，既要保证日常工作的运行，也要考虑到收入，不管在什么时候工资总是要发给员工的。"

直面未来，放弃或是更好的选择

对于未来，周亮也有自己的看法和决定："可能会放弃现在的工作。"

这个决定，让我们诧异。从创业开始到现在，已经将近两年时间，过程中的挫折也都挺过去了，事业蒸蒸日上，为什么不选择将现在的工作做得更大，做得更好，而是决定放弃？

他的想法是,现在做的工作,从技术层面来讲,积累不多,整个业务形式非常简单。他做得更多的是去外面跑工厂,和销售平台去谈,梳理一些人脉关系,花时间精力去测试产品,这些工作不能说完全没有技术含量,比如需要和别人沟通谈判的技巧,但对于周亮来说,技术含量是指现在一些新模式的应用,包括移动端。他现在做的团购的工作,局限性很大,越往后做空间可能越小,越容易被淘汰。在适当的时候,选择放弃,选择"舍"或许是更好的选择。

"世界潮流,浩浩汤汤;顺之者昌,逆之者亡。"若你想要赶上时代的脚步,你必须放弃一些东西,接受一些东西,周亮总结道。

举个简单的例子,每个电子商务模式都有更新换代的过程,最早的时候是C2C(消费者对消费者)。因为淘宝网是免费的,界面友好,容易操作,因此吸引了许多卖家,批发商把自己的商品放到淘宝网上去卖。在这个过程中出现了许多问题,比如说假货、质量问题。因为这类现象,淘宝就要对整个网络市场进行整顿,梳理出一块来做品牌和品质,于是就有了天猫商城。从淘宝的C2C模式到天猫商城B2C模式其实就是一个更新换代的过程,虽然现在两者并存,但是大的卖家肯定是以天猫为主的,这就是一种模式的转变。淘宝这个模式也有可能被淘汰,因为出现了京东,京东的配送、服务体系,对消费者来说更有保障。

其实,仔细想想,并不需要太惊讶。时代在变化,新的、先进的事物会广泛地被人们接受和使用,而旧的、落后的事物则毫无疑问将被取代。如今,在经济迅速发展的时代里,在发展比任何行业都更为迅速的电子商务领域中尤其如此。

那么,如果放弃现在的工作,他会坚持选择另一个方向创业,还是选择直接就业?周亮回答道:"其实,创业和就业两者并不冲突,也不存在矛盾。"确实,放弃现在工作的一个很重要原因,就是他希望提高自己的能力。在两年的创业中,他获得了很多经验,也提升了自身的能力,但这远远不够。有些能力能够在创业过程中得到提升、历练,而其他的更多的提高需要在就业等其他途径中获得。从其他途径中获得的经验和能力的提升也可以更好地指导创业。这就是他说"你可以抱着创业的目的去就业"的原因。

如日方升,未来是年轻人的

周亮的创业历程并非独一无二,其中有很多经验我们可以学习借鉴,为我们的创业之路服务。周亮在与我们分享他的创业经历的同时,也毫不吝啬地分享了他的心得和建议。

很多像我们一样的大学生,都有这样一个想法:现在学习的课程对未来的创业或是就业没有很明显的帮助。因此很多人就此放弃了理论的学习,只去关心一些生财之道。

对此,周亮有自己的见解:"专业课可以让你对行业有一个抽象的认识,你可以去实践这些东西,比如说你去电商公司工作,那你知道的肯定是具体的,你要知道商品怎么卖,怎么推广,怎么上新,怎么做图,但是你只是局限在一个点上面,你不知道这个世界是怎么样,'电商概论'告诉你整个电商的宏观世界是什么样子的,它不局限于一个点上面,能让你的视野更加开阔一点。"

对于电子商务专业毕业的周亮来说,他对电子商务理论的了解有很好的基础,这些理论能更好地指导他创业。因此,并不是大学课程没有意义,而是那些走入误区的人没有找到学习的意义。

当你有了充分的理论知识之后,实践也是十分重要的,只有理论和实践相结合才能铸就一个人的成功。实践中最重要的就是寻找到商机。这看似简单,但商机如何寻找?已经在创业和希望创业的人有很多,但最终成功的却不多。他们不缺乏创业的热情,他们的失败更多的是因为找不到合适的方向,或是找到了方向却半途而废。

"做你感兴趣的、熟悉的、了解的。"周亮举了例子说明这一观点。毕业的时候,很多同学怀念母校,希望把一些东西珍藏起来留作回忆,以前没有人做过这个事情。周亮想,学校有美丽的风景,可以征集照片做明信片。因此10个人走到一起,花了3个月时间,收集了3000多张照片,挑选出几十张,然后设计标签图片、logo(标志),还有卡通版;接着找印刷单位做印刷、排版;最后在微博等一些渠道上出售。因为做得很精美,有很多人购买。

"其实还可以延伸出来做一些纪念品,如杯子之类的。这个机会就在于你看到了一些东西没有人在做,因为你有兴趣,你肯花精力去做,然后就成功了。"周亮耐心地解释道。

又比如对于爱好美食的人,可以开个微博,做个美食推荐、美食达人,等达到一定粉丝量,比如说8万的时候,肯定有商家找上门来,要求帮忙推荐产品,做一个软性的推广。你也可以做与汽车相关的商品,但是如果你不感兴趣、不了解,就很难做下去,所以要找你感兴趣的去做,从自己的兴趣出发。

创业的路子很多,在适合自己的前提下,只要你敢想、敢拼,就一定会成功。"以后的世界就是年轻一代的了!"周亮幽默地感叹道。

采/访/后/记

周亮虽然踏上社会并不久,但是当我们接触周亮时,在他身上却看到了那些在社会上磨炼、碰撞多年后才会有的沉稳、温和和从容。也许,这就是创业带给他的另一个层面的回报。每天一起床就要考虑各种可能发生的事情,时刻都要应付意外的情况和挑战,使周亮比那些朝九晚五的同学多了更多的勇气和担当。采访结束时,周亮告诉我们,创业要耐得住寂寞,抓得住机遇,在适当的时候敢于冒险,上进的人生需要用汗水去灌注。我想,这是周亮内心的自我写照,也是对我们在校大学生的期望和鼓励。

教/师/点/评

周亮的故事折射出了一个刚刚走出校门的大学生从懵懂起步的创业历程。利用团购网的流量做好生产企业与消费者的对接是大学生创业比较容易起步的一个入口。团购的关键在于找到合适的产品,周亮一开始摸索着从亲戚朋友中找、从淘宝网上找,最后慢慢地找到源头的生产厂商,成为生产厂商的团购代理,逐步做大进而创新。由此我们看到了一个初出校门的青涩少年在市场中摸爬滚打、不断成长的过程。尽管整个创业过程似乎缺乏令人激动的高低起伏,但却是一步一步走得十分扎实,值得其他选择创业的高校学子学习借鉴。

郭 锋
乘风破浪趁年轻，挑战新兴速卖通

文/图：麻骁羚　钱金艳　蒋大康　潘建栋
指导教师：李成刚

创/业/者/名/片

郭　锋　浙江大学宁波理工学院经贸学院电子商务专业 2013 届毕业生，现在是一家名为 Vinco Fashion Studio 速卖通服装店的店主，主营男士运动休闲服装。他喜欢穿格子衬衫搭配一条牛仔裤，简单大方，再加一副黑框眼镜，看起来随和而又阳光；他个性幽默风趣，为人十分谦虚，采访中总能被他逗乐。时间让他成长了，成熟了，也成功了。

郭锋生活照

理想工作难寻觅，选择创业新道路

"也许同样的工作我们也能做，但是无论从薪水还是从发展空间等角度看，都不是很理想，而且在能力上得不到多少锻炼。"在询问郭锋创业原因时，他如此答道。"现在大学生找到一份工作就已经很不容易，更何况要找一份理想的工作。我们电子商务专业的学生毕业之后，基本上都是从最最基本的客服工作开始的。刚出校园的大学生，对未来充满期待，不甘于平平庸庸做一个客服，而是希望在事业上大展拳脚。读了四年的大学，学了这么多关于电子商务的专业知识，也许不能百分之百都用上，但绝不能就白白浪费了。"郭锋认为自己与其他非电商专业的创业者相比,优势在于对概念的理解上优于他们,会更多关注和搜索电商各个方面的信息,也能够更好地处理信息,发现更多的机会。

虽然郭锋很早就有了创业的想法,但是他并没有立即付诸实践。他与几个平时要好的同学会经常聊天,讲到各自的工作,大家都觉得十分枯燥无聊,完全没有专业性。而他们都不甘于待在这样的公司里上班,毫无生活的热情。就是凭借这样一股不甘平庸的劲,一群志同道合的朋友开始有了创业的想法。恰好,同班同学徐俭浩已经是大学同学当中创业做得比较成功的,是大学校园中出了名的创业奇才。他是在义乌创业的,对市场的把握也更为深入。郭锋就常常向徐俭浩请教一些关于义乌、商品、店铺的问题,朋友的鼎力帮助坚定了郭锋创业的决心。也许是不情愿受限于上班所分配的固定任务,也许是对自己功成名就的期盼,于是,在徐俭浩的帮助下,他们开始了义乌的创业之旅。

但是创业不能空有一颗心、一张嘴,必须有行动。郭锋去义乌选择做的是速卖通和 ebay,这对于一个大学生来说是富有挑战性的。因为在 2013 年,速卖通还不是特别成熟,要说郭锋对其十分了解是不可能的。"其实,那个时候,很多人连速卖通是什么都不知道,我们去做的话,市场就更大。"这是一个电子商务领域的新兴产业,很有发展空间。他们就这样抱着试一试的想法,在2013 年 6 月,大学一毕业,就开始了创业。

速卖通店铺首页

在全球贸易新形势下,买家采购方式正在发生剧烈变化,小批量、多批次,形成一股新的采购潮流,全球速卖通是一个融合订单、支付、物流于一体的外贸在线交易平台,也是跨境电子商务的一种。跨境电子商务的发展对企业来说,极大地拓宽了进入国际市场的路径,大大促进了多边资源的优化配置与企业间的互利共赢。我国跨境电子商务主要分为企业对企业(B2B)和企业对消费者(B2C)的贸易模式。B2B模式下,企业对电子商务的运用以广告和信息发布为主,成交和通关流程基本在线下完成,本质上仍属传统贸易,纳入海关一般贸易统计。

速卖通通俗讲就是国际版的淘宝网,淘宝网面对的顾客是国内的消费者,而速卖通针对的是国外消费者。时至今日,速卖通平台的交易额增长已超过初创时的30倍,每天有数以万计的海外消费者在全球速卖通平台上采购到理想的商品,速卖通平台培育了大量优秀卖家,目前的速卖通平台正处在高速发展时期,就像2005年的淘宝网一样,现在看来,速卖通的发展空间无限。

经过上网查阅大量的资料,也询问了同伴的意见,郭锋最终选择速卖通平台做外贸生意,而不是选择受众更多的淘宝网。他说:"现在淘宝网发展得已经很成熟了,卖家很多很多,即将饱和,我们是大学刚刚毕业的学生,没有什么特别大的本钱,想要做大做好很难。可速卖通不是啊,它相当于是2005年时候的淘宝网,还在发展阶段,对我们这种没什么经验的人来说损失也不会太大,试一下未尝不可。"郭锋就是看中了速卖通的这些特点,开始在这方面下手了。

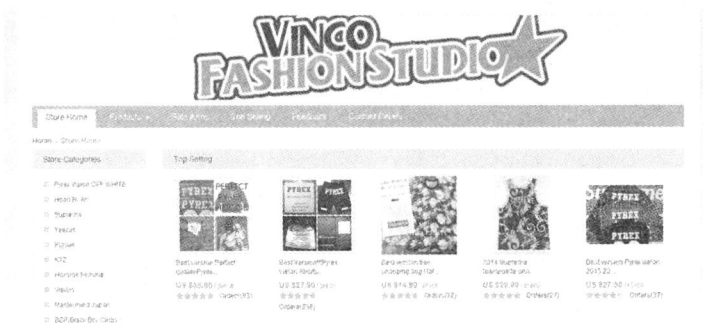

速卖通线上产品

成功还需要动一点脑筋,因为在义乌这个地方,货源充足,供应商随处可见。在选商品方面,郭峰也有自己独到的见解。"为什么选择服装呢?"在我们问出这个问题之后,他不好意思地笑了笑:"其实当时也没想这么多,因为速卖通平台上有那种数据的搜索,可以知道一段时间内,大家什么东西搜得最多,我们刚开始做不了解,也就只能是根据数据显示,销售一些顾客最想买的东西,那就是服装了。"他认为现在在速卖通上,很多商品都是价格很低、包邮但是质量不是特别好的商品。虽然他们的生意都很好,但是毕竟自己和那些大店铺的卖家基础不同。"我的网店销售的商品价位偏上一点,质量比较好。"这便是郭锋独特的销售想法。他也了解到,其实国外消费者的体型和我们国内的人相差还是比较大的,他们的体型相对于国内都是比较壮硕的,因此在尺码方面,他就做了一番研究:"因为产品是专门针对国外的购买者的,那么我们就特别选一些有特大码的服装来卖。"也许就是因为和别人不一样,也许就是这一份冲劲,才带来了他现在的淡定和坦然。

创业初期困难重重,有梦想心更坚

在创业初期,郭锋带着一丝忐忑,不知道未来会怎样发展,但是他丝毫不胆怯,对于要做的事已经在一定程度上有所了解。他最初的目标仅仅是"养活自己",达到一般上班族该有的工资水平,这是一种乐观而且现实的想法。首先创业有着非常多的不确定因素,谁都不能保证自己会成功,甚至都无法确定自己会不会亏本。而更现实的目标则使他脚踏实地,一步一步来。谁都想干出一番大事业,但没有人能够一步登天。

刚到义乌,人生地不熟,租房子等一系列的事情也产生了许多问题。义乌虽然出租的房子很多,但是想要以便宜的价格租到心仪的房子也很难。起初郭锋住的地方就在马路旁边,汽车喇叭特别嘈杂,睡觉也不安稳,但是他们每个人都没有带多少钱,能省则省,只能试着去习惯那样的生活。吃的方面,大男生不会烧饭只能吃外卖。

现在回想起来,当初的辛苦都是值得的。"刚开始肯定是一分钱都没有赚的嘛,但是也不是一点好处都没有的。"对于创业初期生意的低落,郭锋只是很平静地谈起。我们了解到,因为刚开始只是一个小店,根本就没有什么顾客来购买店里的东西,但是每天都需要守在电脑前,还有通过淘宝代销以及其他方式来上架商品,店铺里面销售的商品越多,关键词设置得越好,顾客才能搜到你的产品,购买了之后店铺排名才会上升,才会有更多的人看到你的商品。讲到店铺的第一单生意时,郭锋突然激动起来,说:"这第一笔订单,我到现在都记得非常清楚,那是一个美国的顾客,提交了订单,当时我很高兴,这可是第一笔。但是她到后来一直都没有付款,最后速卖通平台就结束这项交易,关闭订单了。"

从事外贸用的是英语,刚开始,我们以为这才是最大的困难,因为英语总是理科生心中的痛,但是似乎只要朝着心中的目标做,什么困难都可以克服。郭锋说,虽然他英语水平不好,但是用一下翻译的软件,也能保证自己看得懂,交流不是问题。

渐渐地,店铺的生意有了好转,销售额也越来越高。

父母反对，朋友退出，一切坚持只为不想平庸

"我父母心底里肯定是不支持的。"郭锋的语气带着一丝无奈。父母都是在企业工作的普通上班族，没有创业经历，郭锋选择创业完全是自己的想法。父母都希望孩子将来能过得好、过得稳定，创业对于踏踏实实工作的父母来说是一件风险很大的事情，所以当然不希望自己的儿子去冒这个风险。但是孩子有自己的想法，作为父母也还是尊重他的意见，只能在金钱方面提供一些帮助。郭锋也希望能够用事实证明给父母看，自己是有能力的，是可以成功的。当然他现在可以骄傲地告诉父母，自己的决定是正确的。

有一件事，郭锋向我们提起时，非常无奈，那便是同学之间的合作。即便没有看到他的表情，我们也能感受到他语气、言语当中无不充斥着伤感。刚开始他想着大家一起合作，为了能够拥有共同的事业而奋斗。但是因为每个人都有自己的想法，男生又不怎么善于交流沟通，渐渐地分歧越来越大，有个伙伴和大家一起合租了半年之后就退出并且回家奋斗了。最终坚持下来的所剩无几，郭锋就是其中一个。他没有因好友的离开就此放弃，而是选择单打独斗，继续努力，也许有些方面不能得到朋友的支持，但是自己心中还是有着一丝期盼，有着信念就要继续做下去。

生意上的困难也在不断发生。他说到了和国内网购不一样的一点，那就是商品出现问题后的处理。因为商品要寄到很远的国外去，而国际物流还没有国内物流这么发达。或许是不同国家的物流管理制度不同，或许是工作人员的疏忽，快递发往国外时经常会出现包裹丢失的情况。这时买家反映了，要求退款。而一般出现问题都是不退货，并全额退款，有时一单就亏好几百，而要赚回这些可能要接二三十个订单。一旦商品出现问题，就会造成很大的损失。所以郭锋只能通过小心包装商品，将信息填写仔细、清楚，并且多支付追踪费用，了解物流信息，尽力把这方面的损失降到最低。

当我们问到郭锋还有什么困难时，郭锋开怀大笑："做网络的坐在电脑前也没有什么可以烦恼的事情。"对于生活中的小问题，他一笑而过，仅仅一句"可以忽略"。也许，就是要有这么一种不拘泥于小节的性格，才能在创业的道路上大放异彩。

起航速卖通，尝试多平台

谈到同行的竞争，郭锋认为国内的价格战不是一种很好的方式，不同于这些，他觉得他的店铺有属于自己的优势，但不愿意透露更多。他还提到不喜欢卖廉价产品，虽然会因此失去一部分商机。

令我们印象最深的一句话是："如何从事这个行业吗？要么做得很好，要么干脆不要做。"对于正常上班的人来说，工作稳定也许是一个更好的选择，但是走在创业这条路上，就一定要有所成就。如果真正想做大，一个人还是比较寂寞的，他多次提到了希望与好友共同发展的美好愿望。对于重情义的人来说，创业伙伴的离去也许是让他非常痛心的一件事情吧。

在毕业之后的一年多时间里，从一开始到陌生地方的无知，到现在速卖通已经做得风生水起，郭锋经历了很多，也收获了很多。当我们问到接下去要做什么的时候，雄心勃勃的他认为不该局限于速卖通。"因为速卖通现在也还有很多的缺陷，比如，平台一直注重买家的权益而不是卖家的权益，一有做得不好的地方，惩罚就会非常严厉，还是存在一定的风险。"要想减少风险并且扩大自己的市场，还要进行更多的尝试，多平台销售。充分利用 ebay、速卖通、敦煌网、iOffer 等，多平台的网络销售方式的优势是，即使其中一个平台遭受某些突如其来的挫折失败了，生意也不至于全盘瘫痪。

当我们问到创业要做什么准备时，郭锋坚定地回答道："不用准备，立刻行动，越早开始就是越好的准备。"他认为越早上手越好，不然机遇就会掌握在别人的手中。抓紧时间，大胆去做，即使失败了也没事，起码你比别人早踏出那一步。不能不说这是一种非常有启发性的观念，对于未来的发展，没有人会知道，所以有人选择了尝试，而不是等待或只停留在思想上。要付诸行动，这才是正确的选择。

郭锋的跨境电商创业团队

经过一个下午的采访,我们不得不承认,郭锋的经历有很多值得我们去好好学习、好好体会。杭州是江南城市,温婉、安静,作为杭州人的郭锋却有着不满稳定、想要冲破国界走向国际的信念,也许这就是他能够走到现在的原因吧。郭锋也说,做电子商务就是要比别人先发现还有潜在客户的市场,不要想得太多,很多时候拼的就是时间。你比别人晚进入也许就很难再追赶上。虽然最先进入会有很多未知的东西,但是同样地,也会有更多的机会。创业很难,但是作为年轻人没什么可以害怕的,我们本来就没什么资本,完全是白手起家,就算失败,这段经历也是一笔很宝贵的财富。要做就倾尽全力去做,努力过了就足矣。

剖析郭锋的创业经历,有助于电商专业的学生思考怎样才能够成功。就读电商这个专业,也许是家长的要求、学校的调剂,但是既然进入了这个专业,接下来怎么做才是最重要的。郭锋的创业经历算不了辉煌,只是小小的成功,是他脚踏实地一步一步做下去的结果。他遇到了速卖通这个机遇,并且在遇到困难的时候没有放弃,在别人离开的时候仍然坚持。大学之大,并不是因为校园大,而是鼓励创新、勇于实践的氛围大。有想法,可以去尝试;实现自己的理想,要从现在做起。"越早开始就是越好的准备",这句话非常适合在校的大学生。挫折、痛苦只是成功的垫脚石,未来还是把握在自己手里;只要脚踏实地一步一步往前走,总有一天能够到达目的地。

戚江磊
引领企业转型，规划电商服务

文/图：李　盼　王泽敏　仇丽敏　凌晓敏
指导教师：肖　玮

创/业/者/名/片

戚江磊　浙江大学宁波理工学院经贸学院电子商务专业 2011 届毕业生，浙江凡想科技有限公司运营总监兼项目经理。公司成立于 2009 年，是一家注册资金达 500 万元的高科技 IT 企业和服务型电子商务企业。公司凭借多年的电子商务行业经验、国际化运作管理理念并结合中国本地化资源，为中国企业量身创作一个真正与自身业务融合的电子商务解决方案，全方位为企业提供电子商务战略规划、商务咨询、项目分析、平台构建、营销推广、安全处理、运营数据分析、运营指导等一系列实施方案。

戚江磊工作照

初入凡想，一起成长

采访当天，我们来到凡想科技时，戚江磊学长已经在公司等候。他身上充满了年轻人的朝气，面带微笑，给人暖洋洋的感觉，而且健谈，无形中就拉近了我们间的距离，因此一开始谈话气氛就很活跃。

"实习的时候我和凡想的老板谈了几次，老板觉得我的想法不错，于是我就来凡想了。"谈到当初进公司时的情况，戚江磊记忆犹新。当时的他还只是一个普通的大四学生,曾经担任过三年的学生会干部,先后在太平鸟公司和博洋公司实习过。在博洋实习时和老板相识,并得到了老板的认可和帮助,这对他的将来起了重要的作用,其中就包括和凡想老总结识的机会。

凡想公司老总的年龄并不大,是一个标准的"海归",对国际电商形势有着深刻的理解,身上有股年轻人的冲劲。他领导下的凡想公司也是朝气蓬勃,员工都是二三十岁的年轻人,公司底子虽然还比较薄,但是员工个个信心满满,或许是这股不服输的干劲成就了凡想现在的成功。而戚江磊也就在这时进入了凡想,融入了这个年轻的公司。

刚开始,戚江磊和大多数刚进公司的年轻人一样有些难以适应,经过一段时间的自我调节后,他开始渐渐适应了,这得益于他对工作的理解以及其他员工的热心帮助。一个人要想把工作做好,就得具备三种重要能力:学习能力、适应能力和思考能力。大学的知识并不能够完全适用于社会和企业,很多都要从头开始学;而且要适应社会及企业内部的竞争,适者生存;同时每天要留出一定的时间去思考自己的得失。他成功地做到了这些,因此他的工作始终处在一个平稳发展的状态中,偶尔有些小起伏,但从未有过低谷。即使在公司转型期间,面对大量裁员,他也只花了一个月左右的时间适应新的工作方式,顺利地由推广运营转变为咨询策划,和凡想一起成长,一起进步。

凡想给人的第一感觉是安静。采访当时,在公司的员工比较少,戚江磊说:"很多人都出差了,除非是星期一,大家会在公司开个会讨论方案,其余时间只有这么几个人在公司。"那些在公司的员工,有几个独自坐在位置上面对电脑,其他则是两三个聚集在一起低声讨论着什么,整个环境轻松中透着愉悦,没有一般公司的紧张与纷扰。"我们公司追求的是放松、和谐的工作氛围,这样有助于提高工作效率。"这也是凡想的工作理念:自由、自在、自然。

戚江磊没有经历过人生的低谷,也还未达到人生的高峰,他的生活事业处于一个平稳上升的状态,他享受这样的安稳。凡想也正处于平稳上升的状态,从初创时的各种艰难,到现在业绩蒸蒸日上,凡想创造着一个又一个新高,却又是顺势而为。正如"凡想"两字所蕴含的:一种存在,是大道若简;一种梦想,是非同"凡想";简单的人,才会不简单。

果断转型，有舍有得

2009 年成立时，凡想还没有主攻现在的经营方向，从事的是基础电商业务，即网上卖产品，而不是现在的概念、方法。鼎盛时期，员工人数达 170 余人，但其中大部分是程序员。如大多数的电商公司一般，凡想不可避免地面临着市场的冲击，业绩不断下降，负债增加。到 2013 年，公司资金周转出现问题，甚至要拖欠员工的工资，几乎到了崩溃的边缘。这或许也是大多数以销售为主营业务的电商企业的悲哀：面临困境时不堪一击，除了裁员及转型再无出路。

公司的发展就像孩子的长大，员工倾注了无数的心血。对于凡想这个年轻的公司，或许每个参与过的人都不想它还未绽放，就已枯萎，戚江磊也是如此。困则思变，于是凡想开始了公司发展的转型之路。如何让自己的公司顺着电商的大势发展？他们将公司未来发展定位为：为中国企业制定符合自身发展的电子商务解决方案的服务型公司。

在公司内部，精简其职，裁员是不可避免的。但这个年轻的公司更像一个温馨的大家庭，每个人都能在其中找到自己的位置，这股凝聚力也是凡想之前发展的重要动力。而到了离别的时刻，每个人的心中都不好受，都不希望自己是那个被裁的人。其中受伤最重的就是那些技术型人员，公司已经转型做服务业了，他们也就不得不离开了。过程是痛苦的，公司毕竟没有那么多的资金来挥霍，但是有舍才有得，舍弃了不需要的，才能得到自己想要的。这一次转型，更像是一次赌博。幸运的是，戚江磊及公司赌对了。在将近一年的转型过渡时期，凡想由原来的 170 人缩减到 40 人左右，在宁波公司只有 20 来人。公司的运营模式不仅是宁波第一家，在全国也是少有的。现在公司业绩蒸蒸日上，围绕公司一整年的沉郁低迷气氛也逐渐消散。

精简团队，各司其职

"当初公司裁员的时候，很多单一型的员工都走了，因为公司对于员工的素质要求实在太高了啊！"谈到当时的情况，戚江磊无奈又惋惜地说道。在凡想，每一名成员都不简单，因为凡想的每个成员都是电子商务企业急需的复合型人才,单一型人才在凡想是找不到位置的,这也是凡想转型后能够成功的一个重要因素。复合型人才,并不是指那种样样精的全才,那种人太少了;复合型人才是指对电商及各种行业都有涉猎,在交谈时能够举一反三,看问题能够更加全面的人。这样的人更能够看透事情的本质,在决策时做出更好的决定。

转型后的凡想对企业人员的定位看得也更重。总经理、两个副总经理、四个总监以及运营、策划、项目、技术各个团队,从上而下垂直领导。公司实行的是项目制,一个项目由5~10人组成的团队来负责,每个项目设有一个项目经理,项目经理的职责是与顾客沟通,以及对这个项目的精度控制和质量控制;项目经理下面又有策划、设计、推广、技术等负责各个细节的人员。一个项目需要这么多人来负责,如何在项目比较多的时候确保每一个人都能保质保量地完成任务呢?

戚江磊解释道:"每个成员都有可能同时兼顾好几个项目,但是按规定,每个人同时兼顾的项目不能超过五个,而项目经理则必须一礼拜与客户有至少一次的沟通,以确保项目的顺利进行。"这种方法能在保证效率的同时又兼顾质量,而和客户常规性的沟通能更好地了解客户需求,使服务能满足客户需要。实习时期培养的坚韧不拔的品格和缜密的思维方式使他受益颇多,能较好地处理工作上的问题。

戚江磊在工作中

平稳上升，服务电商

凡想属于转型再创业公司,转型后是现在宁波唯一一家为国内企业提供全方位电子商务战略规划、商务咨询、项目分析、平台构建、营销推广、SEO 搜索引擎优化、安全处理、运营数据分析、运营指导等一系列软硬件实施方案和商业解决方案的公司。没有前者的经验可以借鉴,也没有前辈的指导,公司一直处于不断摸索、创新的状态。由于目前它在宁波是唯一的一家服务型电子商务企业,竞争方面的压力也就相对比较小。公司初期投入的资金是100 万元左右,2013 年盈利 400 万元,毛利润 50％,而 2014 年上半年的盈利已经达到 600 万元,处于平稳上升的黄金时期。

凡想公司的客户主要有三类:第一类是传统公司。当然,并不是所有传统公司都适合做电子商务,也不是所有这类客户都能接受凡想的理念。戚江磊说:"凡想所接受的传统公司是有一定条件的:首先老板必须有做电子商务的决心,若没有决心,电子商务很难做成功;其次,必须有一定的经济实力,做电子商务前期的投入是比较大的,若公司没有一定的经济实力是难以支撑的。"因而凡想定位的项目都是一些大型的订单,很少接受小型的订单。第二类是政府。政府中大部分人并不了解电子商务,也不知道拨下的款项怎么去分配,这就需要凡想为政府做完整的策划并在后期进行跟进服务,帮助政府实施好正确的电商政策,促进地区的可持续发展。现在凡想已经接下的项目有宁波成教中心、宁波教育局网上教育规划、淘宝中国特色馆之舟山馆和四川内江馆的建设等。其中最大的一个项目当属舟山鹿港电子商务产业园的建设规划,该产业园主打舟山的特色海鲜,包括海鲜仓储、网上销售、物流供应链等。凡想是做其前期的规划以及后期的系统运行。第三类是中小型企业联合发来的订单。许多中小企业联合向凡想求助,凡想也会提供对应的服务,但这不是其主要的业务。

实习实践，创新不止

关于大学四年的学习成长经历,戚江磊聊了很多自己的感触,如我们亲身经历一般:"大学可以说是人生真正起步的中转站,既可以好好享受这段短短的时间,也可以用这段时间来定下自己的人生规划。现在社会上流传大学里学的知识大多无用,但这是片面的看法,在这段时间好好学习一些自己需要的知识比什么都重要。当然同时也要记得为自己定下一个合适的目标,对自己的实力和现状有个清醒的认识。人贵在自知,自己擅长什么方面就往什么方面专攻。

"大学和高中完全是两个世界,没有人会特意监督你学习,完全要靠自己。每个人的大学生活都不一样,看你自己想怎么选择,大学其实也在培养你的独立能力。电商专业的覆盖面广,用好电商很重要。大多数理工学院的电商学子可能对一些经济学知识不太感兴趣,认为自己是搞电商的,不是搞金融的。其实这种想法错了,因为电商的目的就是得到经济效益。电商是市场发展的产物,因而关于市场经济的知识对电商依然适用,而要搞好电商,财务、会计这些都要好好学习。学好这些有助于培养我们的经济思维,而经济思维能够伴随我们的一生,受用不尽。

戚江磊阅读资料

"电商专业的学生更要努力学习更多的和互联网有关的知识,打好基础,这有利于我们以后的发展,其中一门重要的基础课程就是英语,尽管如今英语的地位受到冲击,但它作为国际通用语言的根基却还未动摇,开展国际电商业务时需要交流,熟练的英语是重要的武器,有些好的书籍文献是英文原版的,熟悉英语能够方便阅读。同时,作为一个理工学院电商专业的学生,网络编程是一项很重要的技能,还要注意与时俱进,学习有用的知识,在当今电商形势下好好学习HTML5、Photoshop等更加实用的技能。

"创新可以说是一个熟悉的词了,但它的真正意义是什么我们却很难说清楚,即什么是创新,怎样创新。有一个词叫微创新,就是创新并不全是整体上大刀阔斧的改革,它也可能就是不经意处的细微变化,无数个小小的量变,最终会成为影响整体的质变。从身边的小事做起,从细节处入手,关注身边发生的点点滴滴,从小的方面发现新的灵感、新的想法。创新并非一蹴而就,它是一个渐变的过程,靠的是自己那双善于发现的眼睛以及能够忍受寂寞的耐心。"

很多人会在大四开始实习,逐渐走上社会,开始工作。正如戚江磊学长所说,大学时期的实习对以后的人生作用很大,但是很多人可能会对实习产生误解,以为实习就是去看个店、帮帮忙,而不是做一些有意义的事情。但这并不是实习,这只是去打工。实习可以说是将大学里学到的知识运用到社会上的实践,做好它对我们以后写论文可以说帮助巨大。你在企业实习中可以学到很多大学课堂上学不到的知识,对待实习应该是抱着去工作的态度,你现在实习是怎样的,你以后的工作就是怎样的。

社会的变化太快,大学时期学到的知识很难跟上这个步伐。这个时候需要的就是学习能力以及适应能力,能够在短期内学习并做好公司的工作,是我们在企业生存的关键,同时能够适应不断变化的环境、人际关系,能够让我们在不同的事物和关系处理上风生水起、得心应手。当代社会是个人际社会,只有关系没有本事很难成功;而只有本事没有关系同样寸步难行。

生活在这个社会,人难免会发生一些改变,但是在心中要有棱角,有一定个性。社会就像一个巨大的磨盘,年轻的我们在经过一系列的磕磕绊绊后,会被社会磨得光滑、圆润,我们开始适应社会,适应集体。人毕竟需要和别人交流,需要共性。但是我们也需要个性,没有个性的人终究只是个浑浑噩噩度日的人,无法被人看重。要有自己的思想,会思考,这样才能被人看重,做出自己的事业。

采/访/后/记

凡想的发展之路可以说充满了曲折和探索,虽然走过弯路,但是大局上方向正确,从当初果断转型,到之后的重生发光,他们对电商的理解又上升了一个新的层次。凡想走的是探索电商新服务模式的转型之路。转型虽然艰辛,但是前途大好。凡想的经营理念正如文章中所描述的:顺天下大势,走在时代前列。

教/师/点/评

大学期间的实习让戚江磊感触颇深。在太平鸟、博洋等企业工作,戚江磊积累了不少电子商务战略规划、项目分析、运营推广等工作的经验,并得到老板的赏识,进入凡想科技。电商路上,有舍有得,他经历了痛苦而果断转型,直到企业成功转型定位服务电商,经营状况稳步上升,创新、坚持、与时俱进,可以料想他的前途一片光明。

穆星宇
以退为进做电商，披荆斩棘淘宝路

文/图：韩　宇　陈丹婷　孟　梅
指导教师：姜赤刚

创/业/者/名/片

穆星宇　浙江大学宁波理工学院经贸学院电子商务专业 2014 届毕业生，宁波市小雨人进出口公司负责人，淘宝店主。

穆星宇（左）接受采访照

偶遇跨境电商，引发创业激情

　　由于穆星宇当时在企业实习，采访的时间很难安排下来，经过几次协调，我们终于见到了这位相貌斯文却很有想法的同学。梅雨时节的宁波，天总是阴沉沉的，我们组三个同学在学校的柠檬熊餐厅等候，只见一个年纪轻轻的同学健步走来，我们一猜便是他。外表瘦弱、文质彬彬的穆星宇有些内向，但遇到了热情洋溢的我们，采访很顺利地进行起来。

　　其实穆星宇之前也没有想过以后自己要创业，他的创业梦想源于一次偶然，但就是因为那一次偶然的机会，成就了一个默默为梦想奋斗的年轻人。

　　2013 年，宁波市某电子商务公司总经理来到浙江大学宁波理工学院，想要寻找一批富有创业激情的年轻人一起从事跨境电子商务。得到这个消息的穆星宇心里有些隐隐的激动，觉得这是个锻炼自己的好机会，就开始招募自己的团队。但平时沉默寡言的他跟班里的人接触都很少，朋友圈就更小了，要在这个时候找几个优秀的同学出来跟他一起干，能想到的人屈指可数。创业的激情驱使他灵机一动想起了寝室的三个室友，晚上开了个小会之后，他们寝室四人一起加入了跨境电子商务行业。

　　不久，大家就把策划书写出来了，但是跨境电子商务投资太大，几个穷小子由于资金不足只能让进度慢下来。穆星宇舍弃不了这个"孩子"，就继续坚持，找了很多投资人出钱，他出力；他还从同学那里借钱，再加上自己拼拼凑凑，硬凑了八万多元钱，把网店开了起来。

　　合作公司提供了进口食品、咖啡、红酒、母婴和 3C 电子等几种产品供他们选择，穆星宇选择了母婴产品，原因是国内目前的母婴市场空缺很大，市场上现有的部分产品由于质量问题信誉大大下降，而随着消费者观念的改变，大家更加愿意花稍高的价钱去换取更好的消费体验。进口母婴产品正是弥补了这个空缺，有望很快在中国打开市场。

"老爸的故事对我影响很大"

　　穆星宇祖籍四川，七岁随父母迁居到宁波，有两个姐姐一个妹妹。他的父母都是四川农村的农民，由于家中经济拮据而不得不选择外出打工。八年来，穆星宇父母的身影出现在宁波的各行各业，但最终都没赚到什么钱，四个孩子要上学，压力越来越大。父亲准备转行去做生意，可手里的积蓄又拮据，很多时候，他一个人坐在角落里静静地抽烟，一根接着一根。这个画面深深印在了穆星宇的心里，他发誓，长大后一定要让爸妈过上好日子。

　　天无绝人之路，父亲打工的那个涂料厂老板因为赌钱欠下巨额债务，急着要把涂料厂转让出去，父亲看准了这个机会，倾其所有盘下了涂料厂。当时全家都很兴奋，认为翻身的机会来了。可是初中文化的穆爸爸根本不懂怎么做生意，虽说在这个行业里待了三四年，但他只是帮人做工，对涂料市场不是很了解，更不懂得如何经营管理。不久，因为经营不善，涂料厂再次关门。

　　"父亲就是不服气，也从来不信命。"经过几天的反思之后，穆爸爸重新振作起来，联系到以前几个跟涂料厂有生意往来的老板，想得到他们的投资，把涂料厂再次做起来。但现实很残酷，他屡屡碰壁，没人愿意帮助一个没根基的人。心灰意冷的穆爸爸仍然没有放弃，就在这个时候，当年在火车站遇到的一起来宁波打工的老乡李忠联系到了他。李忠已经是一家建筑公司的老总，赚了不少钱。这些年他一直在找当初帮助过他的老大哥，经过几年努力，终于找到了恩人。

这次涂料厂算是真的得救了。李忠拿出二十万元帮助穆爸爸把涂料厂重新做起来，还教了他很多经营方面的知识。由于生意对口，李忠又给他介绍了很多涂料和建筑业的老板，为他联系了不少生意，涂料厂这才真正翻了身。涂料厂做大以后，穆爸爸逐渐上了道，从当初那个什么都不懂的莽汉变成了一个生意场中得心应手的商人。经过几年的磨炼，加上对建筑业的熟悉，他想进军建造业。他通过一起合作过的几个老总认识了日本的房地产商村上先生，并开始建立自己的建造团队，目标是开发日资在中国的建造市场。

每次提到父亲，穆星宇就异常兴奋，讲话也兴高采烈，看得出来，他对父亲既钦佩又十分敬爱。

找不到方向时，就退几步看看

虽说穆星宇注册了一家公司准备创业，但其实现在的他还在杉杉公司实习，原因有三个。

第一，当初一起创业的三个室友后来因为各种原因离开了，团队中只剩下了他一个人。穆星宇自己分析，强扭的瓜不甜，当时是大家硬凑起来为了参加项目赢学分的，项目做了之后，就不了了之了。三个室友虽说一起创业，但他们的积极性却不高，执行力也不够，最后只能分道扬镳。

第二，他想做跨境电子商务，但海关那边一直没搞定，加上他没有什么管理经验，对公司的运作也不是很熟悉，所以决定先去别的公司工作一段时间，学点经验。

第三，杉杉这样的传统企业想要涉足电子商务，人才和技术都很欠缺。穆星宇在公司负责电子商务业务拓展，从部门建立到运营管理都是他负责操作，公司给他的空间很大，他的成长当然也很快。穆星宇很感谢公司对他的看重和支持，也把这次工作经历当作了一次创业，从中学到很多东西。

他跟我们说："当你找不到方向时，可以退几步看看，毕竟，退一步海阔天空嘛！"我们被穆星宇认真和诚恳的态度深深折服，他从不掩饰自己的家庭背景,也从不怕人生道路上的重重困难,秉持一颗稳定坚持的心,在创业的道路上默默前行。

人间自有真情在,付出终会有收获

"我始终相信好人有好报!"他父亲总是这样跟他说。穆星宇的父亲与人为善,重情重义,后来遇到他们家的贵人李忠,其实都是因为他父亲当年结下的善因。

成都火车站

当年一家六口准备从四川坐火车来宁波,由于火车站人太多,四岁的妹妹在茫茫人海中不见了。当时一家人都急坏了,母亲也晕了过去。就在大家东奔西跑找妹妹时,李忠出现了。李忠抱着一个手拿雪糕的小女孩,问来问去找她的家人。穆星宇第一次看到李忠,就对他有一种莫名的亲切感。找到妹妹后他们全家都非常感谢李忠,李忠对这一家人,也觉得缘分颇深。

有时候老天爷就是喜欢捉弄人,就在李忠掏钱给他妹妹买完雪糕后,他的钱包被盘踞在火车站的扒手扒了去,上了火车才发现。李忠本来是要拿着那点钱到宁波做小买卖的,生意还没做,却搞得血本无归了。穆星宇的父亲知道情况后,毅然把自己多年积攒下来的积蓄给了李忠一半(当时其实并没有多少钱),李忠极力拒绝,但还是没有抵挡住穆星宇父亲的坚持,就这样,他们两个人从那时起便以兄弟相称。到宁波后,由于当时没有便捷的通信工具,李忠和穆家断了联系。

后来李忠做生意成功,通过各种关系想联络穆家,却总是没有音讯。宁波这个地方说大不大,说小也不小。9000多平方千米,700多万人口,找几个人谈何容易。可皇天不负有心人,李忠经过几年的努力,通过自己在生意场上广阔的人脉,终于打听到了穆星宇一家。

好人终会有好报,李忠由于自己的善良举动打动了穆家,穆父给了他一半财产让他去做生意,而穆家也因为当年种下的善因,在最困难的时候遇到了贵人。后来李忠常说:"其实穆大哥才是我的贵人。"

俗话说:"前人栽树,后人乘凉。"穆星宇父亲现在与日本地产商的合作很融洽,凭借踏实的工程质量和合适的价格,再加上他豪爽的性格,逐渐跟日商建立了良好的合作关系,穆星宇做跨境电子商务,很多货源都是托他父亲的日本朋友帮忙搞定的。

🌐 对学弟学妹的建议

"星宇哥,你对我们这些学弟学妹有什么建议呢?"

"电子商务是实践性很强的专业,我们需要更加关注实战型的任务,积极参加电子商务的实践实习活动。对于学术性比较强的活动,你可以适当参与,但是实战型的活动你们一定要多参加。重要的是,你们心中必须有个大方向,虽然我不是学霸,不怎么热爱学习,但是我心里的大方向是不会偏的。所以,不管是刚入学的你们还是大二大三的学长学姐,都要有一个职业规划,自己的大方向不要偏,那么即使学习成绩不突出也不要担心。还有就是,即使你再不擅长学习,也要把英语六级的证书考出来,降低要求的话,四级必须考出来的,因为这是很多企业的硬性要求,是你去面试的敲门砖。电商很注重两个方面:技术和推广。技术方面就是 Photoshop 和 Dreamweaver,你们上这两门专业技术课的时候一定要好好把握;还有就是推广方面,你们可以去看看网上的相关视频哦。"

🌏 再回淘宝，海阔天空

根据我们调查小组的后续跟踪访问，穆星宇现在已经辞掉了杉杉公司的实习工作，专心经营着他的淘宝店。对于这一情况，我们都比较震惊，毕竟，穆星宇给我们的印象是成熟稳重的。

采访途中

我们很是好奇，穆星宇也大方地给出了他辞职的原因。穆星宇是一个很有想法的人，在原公司他的业绩虽然不错，但是因为性格有一点激进，与老板在意见上有了分歧。

穆星宇在辞职后选择了开淘宝店。"我遇到一个和我志同道合的人，是同校的一个同学。我们觉得自己开淘宝店也能养活自己。和在公司不同的是，在公司只有老板可以保证他基础的生活费，而我想自己养活自己。开淘宝和在公司上班做的事情相似，因为老板在技术方面也不是很清楚，基本上就是我们在负责实际操作。"

我们知道,在开店初期货源和商品的市场定位以及资金问题都是很重要的,而穆星宇在这些方面也给出了简单却准确的回答。一开始,他认为没有货源,可以去别的公司选择分销。"有些公司可能对我们的店铺基础有一定的要求,我们可以找他们的负责人谈,交点保证金,一般都能搞定。"穆星宇说。而资金问题的话,仅店铺装修之类的资金支出并不多,主要还是店铺保证金以及货源的资金,这些钱他目前是能够承担的。穆星宇认为不同的商品定位和分析都是不同的。淘宝上什么价位的商品都有,所以要根据自己的商品选择合理的定价,而消费者分析也需要看同类的产品如何。

在做完前期准备后他又是如何计划的呢?他认为,首先要根据自己的产品来挖掘出核心竞争力。就他开淘宝店的经验而言,知名度越高的产品,销售起来越容易上手。此外,店铺的图片要吸引人,网页要有特色,才能吸引顾客。最重要的是详情页的编辑和店铺的装修,这些内功都做得相当出色了,前期工作才算完成了。

穆星宇还告诉我们,另外重要的一点就是关键词设置。一开始没经验,可以模仿其他商家的关键词,因为很多关键词都是优化过的,在客户搜索关键词的时候,可以借助他们免费打广告,让客户也可以搜索到自己的产品。通过大店铺的产品带动自己的产品,有点站在巨人肩膀上的意思。穆星宇强调,店铺想要做得出色,一定要不断探索、模仿、再超越。对比出色的卖家店铺,分析他们出色在哪里,哪里比自己优秀,自己的缺点又在哪里,不断改进,才能更加成功。

我们对穆星宇开店遇到的困难进行了提问,发现美工和店铺装修对他来说难度并不大,在上学期间,他已经自学了 Photoshop 和 C 语言,问题的关键还是如何进行营销。他信心满满地告诉我们,就他的经验,一般一个新店铺推广一个月左右,基本上就能吃单了,只是不同的产品单数不同。

现在的穆星宇正一心一意地经营着他的淘宝店,凭借他的经验和自信,一路披荆斩棘。他在思考,如何扩大经营范围和店铺规模。他对新店铺的初期规划是,先扎扎实实,把内功做好,使店铺产品有一定的吸引力,这样才会有流量进来,提高转化率,最终的销售额和转化率有很大关系。所以,经营好店铺需做两方面的工作,一个是引来足够多的流量,另一个是提升足够高的转化率。穆新宇笑着说:"我给自己定下的初期目标并不大,只要一个月内能接到第一单,流量还不错就好。毕竟万事开头难,要踏踏实实走好每一步。"

采/访/后/记

经过长达一个暑假的接触，我们对穆星宇的事迹有了一个初步的了解，他说店铺做大后也可能引进速卖通。我们不能用财富去衡量一个人成功与否，但穆星宇经历的过程，绝对值得我们回味。随着采访的结束，我们对自己的大学和人生也有了新的规划与认识，同时我们也希望穆星宇的事业能够蒸蒸日上。

教/师/点/评

父亲的创业经历在穆星宇的脑海里留下了深深的烙印，使他懂得创业之路的艰辛。以跨境电子商务起步，穆星宇在实现自己梦想的过程中虽然不是一帆风顺，但也是一直在不断前行。他能体会到做电子商务的不易之处，但解决各种问题以后的如释重负却正是电子商务的魅力所在。在电子商务业务的建立、运营和推广中，需要创业者时刻修炼自己的内功，除了满腔的热情以外，懂得坚守也是成功者的信条。

高 烨
青年志当远，放飞品牌梦

文/图：王　馨　赵灵杰
指导教师：董新平

创/业/者/名/片

高　烨　浙江大学宁波理工学院经贸学院电子商务专业 2015 届学生。他与另外两个同班同学徐超、陈叶一起自主创业，注册了一个电子商务服务公司，并自创了一个名为"Willa"的网络品牌，期望这个自主品牌 Willa 能像蝴蝶一样，在经历无数困苦之后，破茧成蝶。企业主推女性市场，计划先从女性服饰入手，随后将 Willa 这个品牌扩展到床上四件套、化妆品、内衣、鞋饰、童装、杯子等方面。

高烨工作照

🌐 我不做代理，只做品牌

电子商务有 B2C、C2C、B2B 等形式，在这些形式中许多电商卖家的首选是做代理，做自己的品牌的电商创业者寥寥无几。普通大四学生高烨却在这条少有人走的道路上坚定品牌之路的方向，敢于说"我只做自己品牌不做代理"。他经历了什么？为什么不愿选择大众路线做代理而要选择另一条线路做自己的品牌？又有哪些故事让高烨坚定了自己自创品牌的决心？

高烨说："我在这次创业之初就想做电子商务品牌。在大一大二经历两次创业失败之后,我对电子商务环境、企业发展有了一定的了解,我发现在电子商务市场逐渐成熟的大环境下,我们再做出一个淘宝是不可能的,再做出一个京东也是不现实的。但是,对于品牌来说,它一直存在着,只是不同品牌的销售渠道不同。作为一个电子商务公司,打造一个具有影响力的品牌,公司将具有旺盛的生命力,有一个广阔的发展前景,让自己在面临困难时更有前进的动力。"

所以他坚持不做代理,只做品牌,并请曾为中国五百强设计过企业商标的中国美院的好友,帮助设计了公司的品牌 logo。在他的好友设计的品牌 logo 中,我们可以看到 Willa 的图案,用简单而明了的线条勾勒出一只由字母 W 组成的欲展翅高飞的蝴蝶,很像破茧的蝶第一次飞翔。这似乎蕴含着他的品牌梦需要在一次次的困难中洗礼蜕变才能变为现实的寓意。

高烨把公司的品牌名称定为 Willa,希望公司在经过各种困难后最终像品牌 logo 一样破茧成蝶,起舞翱翔于广阔的蓝天,成为一个有特色的品牌。现在他和他的团队正在这条道路上前行,为他们的"孩子"Willa 创造更好的成长条件,做出属于他们特有的品牌。

破茧成蝶,舞于蓝天的 Willa

败中取经,成就品牌 Willa

人只有经历失败后才能成长,在摸爬滚打中才能收获。当我们问及他的创业经历时,高烨说:"两次创业失利,成就了今天的我。"大一第一次创业做进口商品,他通过一位亦师亦友的老师,找到进口食品货源供应商老板,和他谈判,达成了合作协议,开始在线上交易平台卖食品。但由于第一次创业缺乏经验,他的团队没有明确的分工,遇到问题也没有采取及时的应对方案,最终导致资金短缺,没有持续经营下去。这次创业他的最大收获是认识到无论做什么事如果不投入热情,结果只能惨败。同时他还知道了,资金是一个企业生存下去的内在动力,大学生创业者特别需要学会合理分配资金,防止资金链断裂。通过这次教训,他明确要求团队加强合作,加入的队员必须要求自己做到最好,如果只是玩玩,就要退出。

成立"宁波鄞州西烨文化传媒有限公司"时,他们团队分工明确、合理,高烨主要负责资金操作、货源选择,徐超负责物流仓储,陈叶负责美工以及分析市场行情。大二第二次创业,他们选择手机外设市场,顾名思义就是做手机外壳、手机贴膜等。

他们找到一家生产手机外壳的厂商合作,这家厂商是O2O线上和线下结合的销售模式。厂商拥有开模技术,但每次开模成本很高,投入的资金量较大,厂商担忧在网络平台销售不如实体店销售量大,投入的资金不能收回,所以主要侧重线下投资,投了30多万元,在线上只投了几万元。当时高烨卖的主打产品是该手机外壳厂商提供的,由于这家厂商产品比较单一,一共四五个产品,不能满足顾客多样化的需要,客流量很少,交易量也很少,结果造成很大的库存积压,一段时间卖不出去后,厂商就决定放弃线上销售了。

第二次创业失败对高烨影响很大,让他记住了选择货源要谨慎而行的道理。毕竟自己不是什么大公司、大企业,所以第三次创业选择货源的时候,他选择多点投放,而不是只选取单一的厂商。因为在商品供不应求的时候,选择单一的供应商很可能会导致断货或者顾客下了订单这边却没货了等致命的状况。多点投放还有一个好处,就是可以货比三家,同样的商品可以对比价格再做决定。例如在保税区拿的婴儿尿不湿要120多元一包,但是直接去日本进货只要70多元,算上20%多的税率,也只要100元钱左右。在销售中产品价格会直接影响消费者的购买欲望,通过减少成本,交易价格定得比其他卖家稍低一点,商品在市场中就更具优势。

对于货源的选择,高烨的第二点体会是,商品一定要好,要受欢迎,避免冷门产品,所以要跟踪分析市场的行情变幻,特别要有敏锐的眼光,知道市场上哪些商品是受欢迎的,人气高的。所以高烨在团队成员里特别吸收了这方面的人才,尽量做到商品零库存。

"在成就品牌Willa的道路上,我们才刚刚迈出第一步,但是经历了上一次创业失败之后,我更加坚信涅槃重生的道理,懂得只有坚持才能成功,每一次挑战和困难，都会缩短我与品牌 Willa 的距离。"高烨如是说。

简陋的环境，高烨和他的队员在默默地奋斗着

我只做线上，不做线下

商机无处不在，只是缺乏发现的眼光。高烨认为自己是在日常生活中发现商机的。他注意到，女性很喜欢互联网的分享文化，乐于分享喜悦。比如现在互联网、智能手机上，女性很乐意分享购物经历。无论是去吃饭或者是旅游，她们都很愿意拍一些照片，写一些购物评价感想，然后将这些发到微信朋友圈和其他的一些平台上。

线上有一篇报道，说到淘宝平台上，前十的店铺中有三家都是卖女性用品的。女性会花费更多的时间浏览淘宝，有时可能一看就是一个下午，她们并不是一定要买，可能就是随手挑几件放在购物车里，之后再买。女性的分享对于店铺也是一种很好的宣传，提高了店铺的曝光率。从这些日常生活现象中可以看出女性市场存在很大的商机。因此，在公司刚起步阶段，高烨将公司产品定位于价格偏中等的女装产品，并计划逐步将公司的产品种类扩展到童装、男装、百货等领域，实现全方位发展，价格也逐步实现多元化。

高烨说："这次创业我只做线上，不做线下。"这是因为，在前两次创业经历中，他掌握了运用互联网营销产品的方式，其中最简单的方式是在线上平台如百度贴吧、微博等注册账号，发帖子提高自己的热度。目前他的信誉度是四颗星，这让他在创业初期就有了一定的信誉度。使用已有的信誉度，可以增加浏

览量。其次,每一个网络平台都会给卖家提供一些增加产品曝光的方式,比如阿里巴巴的直通车,可以大幅度提高店铺的曝光量。他们会在做产品时熟练运用平台规则,增大店铺被搜索到的概率。现在各个平台也在积极创造网上交易量,积极开展一些活动,比如 3 月 7 日女生节促销、11 月 11 日光棍节促销等,其中 2013 年"双 11"活动淘宝网一天的交易额就达到 350 亿元,可以看到对于创业初期的公司,利用线上平台销售很有利。他们的公司就在各大线上交易平台注册店铺,抓住每一次机会销售产品。

另外,高烨找专业人士控制成本,将多余的资金做体验服务,做物流配送,以提高店铺好评率,为公司的产品提供更多的销售机会。高烨自信地说:"我不为钱,倾力向前只为品牌 Willa。做好品牌,面包会有的,其他都会有的。"

为梦想他们走到一起,在追梦的路上携手前进

寄托希望,成就人生的更好角色

电商是一门学科,更是一种理念。走近正在创业的普通大四电商学生高烨,我们在他的小电商大课堂中,留下的是感动、敬佩,验证了"21 世纪要么电子商务,要么无商可务"的道理。

至于给予学弟学妹的建议,高烨认为,电子商务是个交叉性很强的学科,在电商经济不断前进的脚步中,不仅需要学好基本理论知识,还需要多多参与社会实践,加强实战能力培养,提升实际操作能力。"你可以在暑假时,自己到

电商有关企业实习；你也可以自己在阿里巴巴、京东、亚马逊等网上交易平台尝试自己开店，熟悉平台规则和网络市场规律。"

其次，高烨认为，电子商务发展需要环境，及时了解国内外的新闻很重要，观看新闻可以了解社会政治环境，发现商机，减少一些意外事件对销售额的影响。最后，高烨告诉我们，别人的经验只是让你少走弯路，路还是要自己走。只有不怕困难的人，才能在电商这条康庄大道上走出自己的精彩，创出自己的辉煌。

采/访/后/记

采访那天大雨倾盆，在钱湖南路 1 号中海雍城世家的一座普通居民楼内，高烨接受了我们的采访。当他打开门的那一刻，看到办公室几乎是毛坯房，条件非常艰苦，我们震惊了！后来我们一直在震惊和敬慕中进行采访。他们租下这间毛坯房后，为了省钱，自己装修，自己清理所有垃圾。我们感叹道："清理毛坯房可是体力活中的累活，你们真是大神呀！"高烨学长谦虚地说："我们不是大神，我们只是在创业的道路上付出了需要付出的汗水！"是的，在创业道路上，有无数看不到的大山在阻隔成功，只有肯付出，敢挑战，才能看到山那边的广阔世界。高烨学长给我们树立了好榜样！

教/师/点/评

高烨平时上课认真听讲，喜欢独立思考，回答问题时常常能运用逆向思维，这给我留下了很深的印象。更让我吃惊的是，这次学弟学妹的采访，让我知道这几个同学曾多次创业。在我的印象中，高烨、徐超、陈叶三位同学很少有旷课现象，他们的创业完全没有影响学业。屡次失败仍不放弃，有梦想、有志向，敢于探索，此精神尤为可贵。

焦 燃
电商运营初上手，进口母婴找市场

文/图：汪　悦　吴莹莹　周佩宜　吕昕睿　赵艳丽
指导教师：周春华

创/业/者/名/片

焦　燃　浙江大学宁波理工学院经贸学院电子商务专业 2014 届毕业生，宁波保税区奇锐电子商务有限公司创始人之一。该公司主营免税进口母婴产品业务和电商代运营业务。焦燃同时还担任了宁波保税区 lasquare 海外专营店销售总监，主要负责产品选择、销售渠道管理、产品价格定位、购买人群定位等工作。

焦燃工作照

众人支持，全力以赴

采访时，我们看焦燃扎一个马尾辫，带一副黑框眼镜，显得很斯文。虽然说是学姐，可是在采访过程中她却很有亲和力，面带笑容。说起从学生到创业者的跨越，焦燃的脑海中浮现出一张张曾经的画面。

焦燃 2014 年刚刚毕业，大四上学期去过一家单位实习，经过一段时间后，她觉得实习单位的事情繁多又杂七杂八，没什么发展空间，不是她想要的样子，就放弃了那份工作。刚好学校和宁波保税区有个创业合作的项目，于是她就参加了。

那时,她和父母说自己想去创业,虽然父母希望她考研,但因为创业是焦燃自己选择的,就遵从了她的意愿。据焦燃说,高考时也是听了哥哥的意见她才填报了当时新兴的电子商务,所以家人对焦燃的创业是有一定影响的,有善解人意支持她的爸爸妈妈,有为她指明未来方向的哥哥。再者,焦燃在大学时学习的电子商务有关课程很好地训练了她的思维,能有效运用到实践中,解决了许多问题,这是非专业人士做不到的,理论结合实践带来的是意想不到的成果。

每件事都需要内外因的结合才能乘风破浪,如果只有焦燃对创业的一腔热情,也不会有今日的企业。宁波市政府对创业的支持为焦燃提供了很好的创业环境。原先创业需要三万元的金额保障,后来这个最低门槛的取消让焦燃的创业之路更加顺畅。焦燃以平和的心态从客服做起,从小职位里一步步成长,各种考验磨炼了她的意志,各种困难让她更加坚定创业的信念。

初试啼声,知难而进

当我们向焦燃询问创业中遇到了哪些困难时,虽然她声音依旧平和,却还是让我们感受到了一丝丝的辛酸。"创业肯定会遇到各种困难啊!"焦燃如此答道。接着她停了几秒才继续说下去,似在回想那曾经艰辛的日子。大二时,焦燃也尝试着去创业,仅仅是在网上开了一家淘宝店,去义乌进围巾拿到网上卖,但效果惨淡。"当时的具体情况我已经不记得了。只记得那时候一直在下雨,我本来想找地方拍照片的,结果等了很久,一直拍到很晚。"焦燃说,"我当时的 Photoshop 技术非常差,效果不好,也快临近冬天了,最后围巾就卖出去了几条。"她几句话带过了大二创业的经历,没有大谈刚刚创业时四处碰壁,又要面临各种麻烦的情景。自然与人为的种种因素导致她第一次创业以失败告终。但当时的创业经历为她现在的公司运营打下了一定的基础,积累了一定的经验。

焦燃并未因为这件事情就放弃创业的念想,她不断总结大二创业时的失败教训,大四上半年在老师的介绍和学校的支持下,重整旗鼓。焦燃回忆道:"那时候刚走出校园,自己要单独做淘宝,基本的运营肯定要懂得,当时没有方向感,又没有成功案例,资金也非常少,都不知道自己要做什么,很迷茫。"经过慎重考虑,她选择了代运营。

焦燃与她的合作伙伴敏锐地洞察到母婴产品未来在中国的发展空间，就帮助母婴产品企业与电商平台进行沟通。焦燃向我们诉说了创业之初的情况："我们不仅要处理客服的事情，还要处理其他各种事情。现在我们都是超人！"听着焦燃的自嘲，大家都笑了，她并未对此有太多抱怨，总是说多幻想下自己美好的未来，憧憬下未来的成功，就又有了动力对抗新的困难。焦燃的这种乐观精神正是创业者要具备的。

　　焦燃认为做跨境电子商务创业成本比较低，还是比较容易的，只要有货、有人脉，随时都可以进入，她非常详细地给我们介绍了她现在代运营的这家天猫上的国际店铺。当问到焦燃对未来的打算时，她谦虚地表示还是专注眼前的事情，先把现在做好，为自己打好以后发展的基础，脚踏实地一步步前进。当然，焦燃表示代运营并不是她创业的最终目标。她认为随着时间的改变，每个阶段的目标是不一样的，现在的目标就是让眼下做的这家店走上正轨。焦燃信心十足地说："总有一天，我会为自己的公司奋斗拼搏，为卖出自己的产品而努力。"从焦燃的话语中不难看出她对未来充满信心。创业者最不能缺乏的便是自信，只有相信自己能做好，才会拼了命去完成，成功的概率才会更大。

店铺首页

焦燃正在认真工作

宁波合伙，圆创业梦

2013 年 5 月 17 日上映的电影《中国合伙人》讲述了大时代下三个年轻人从学生年代相遇、相识，拥有同样的梦想至一起打拼事业，共同创办英语培训学校，最后功成名就的创业励志故事。电影未上映之前，在宁波，有着共同创业梦想的两位在校女大学生已经走到了一起。

"你当初在选择合伙人的时候为什么会选择林燕？"这个问题一提出，焦燃几乎没有任何犹豫就回答道："她人好呀！"说完这句话之后可能觉得不够具体，又接着补充说："她性格好，而且我和她也是同学，相处的时间比较久，了解也比较多。"确实是这样，现在很多人选择创业伙伴，都会选择自己身边了解、熟悉的朋友，觉得这样会让自己更加有自信和安全感。

合作创业有"喜"必有"忧"。决策分歧乃是一大"忧"。"当你和林燕遇到决策分歧的时候，是如何解决的？"这一次焦燃思考了一会儿才接着回答，"基本上是以平和的方式解决，也会有争吵的时候，但是吵完之后还是要得出一个正确的结论啊，所以谁对就听谁的，谁可行就听谁的。"

有合作必定会有分工，但是在焦燃和林燕身上分工并没有那么明显。"整个公司在运营上我们是没有确定分工的，因为本来就只有两个人在运作，都是互相帮助的。但是在店铺运营管理上分工还是有的，比如我就是专门负责客服这一块工作，而林燕就负责别的部分了。"焦燃说道。

说到客服，"我们想咨询下，电子商务会遇到各种各样的顾客以及各种各样的问题，你都是怎么解决的呢?"我们好奇地问道。"其实现在的顾客都挺好的，一般问题不太大，但是如果真的遇到了大问题的话，就需要你有好的心态，要和顾客好好沟通，要及时解决顾客的问题，不要拖拖拉拉。"焦燃这样回答。焦燃温和的性格在工作中拥有很大优势，她对待每一个顾客时，都展示出了极大的耐心，无论多么难缠的顾客，她都秉持尊重、友好的态度。这也正是每一个从事电商工作的人所必须具备的。

创业艰辛，挑战未知

"创业并没有想象得那么简单。"焦燃告诉我们，当初她对创业也没有想太多，就抱着试一试的心态，对未来抱有美好的幻想。可是实践之后才知道，其实有很多的困难。她觉得创业之路，是一条积累人脉、锻炼自己性格之路。在创业时都要靠自己去联系其他人。她也给了内向害羞的人一些建议，认为可以从销售开始锻炼，如电话促销。她自己就是从打电话做销售走过来的，起初胆子小，但是现在已经可以很自如地面对了。对于创业，焦燃还说要充分利用自己现有的知识，做到物尽其用。很多人都会在创业时发现自己的优缺点，焦燃建议在认为自己比较成熟时，在累积一定的经验后，等有了机会，再开始创业历程。

焦燃希望自己在努力之下，可以有机会从事跨境电商，拓展自己的销售市场。她以北仑为例，认为北仑目前正在发展跨境电商，虽然没有杭州的电商企业实力雄厚，但是未来发展空间大、前景好。这也给现在还在电商专业学习的学生提供了更广阔的就业空间，所以她不忘鼓励我们，希望我们在以后的就业道路上能够达到自己的目标。

创业最重要的是什么? 在她看来，是决心和坚持! 要能深刻认识自己，要有创业最基本的能力。同时个人也能通过创业来了解自己是否适合做这一行。她始终相信，创业之路是苦中有乐、先苦后甜的，是对自己的挑战，是克服困难获得成功之后感受到的那份喜悦与激动! 焦燃说她没有后悔曾经做出创业的决定，因为她从中成长着。

她的创业成果，其实和自己预想的有很大的出入，且不在一个方向上。起初她只是想做一个小的淘宝店,现在则是在帮天猫做代运营。所以她觉得,创业之路还是一个未知数,有着很多连自己都想不到的可能性,这也正是创业的吸引力之一。

与此同时,焦燃还给出许多在现实创业中可能碰到的问题的解决办法,从中我们知道了创业不仅需要团结与坚持,好的心态及对顾客的态度也是不可或缺的。卖家需要对顾客有足够的耐心,如果有些顾客真的说了什么难听的话,也不要图一时之快与顾客吵起来。买卖交易中,卖家的形象和信誉度也是影响买家选择的重要因素,所以心态必须放平。

采/访/后/记

在访谈过程中,我们不仅对跨境电商有了进一步的了解,也深深体会到电子商务创业的艰辛与不易。同时,焦燃学姐乐观向上、坚持不懈的创业精神也给我们留下了深刻的印象。焦燃的创业足迹,留给我们许多的经验与思考,将有助于我们更好地创业启航。

教/师/点/评

焦燃,一位非常乐观开朗的女生,在校期间就曾有过创业的尝试,也曾参与过热点公司的代运营培训,是所有培训学员中一直坚持到最后的学生之一。毕业后她在宁波保税区做有关进口母婴产品的代运营。虽然她自己的进口母婴公司刚刚起步,公司的产品、运作模式等都有待探索与完善,但作为一名刚刚毕业的大学女生,能踏出创业第一步,就已属不易。相信她的创业经历可为许多女生带来借鉴。

第二篇

历练：无惧创业苦

瞿小康
创业路上的 N 站，跑向成功的终点站

文/图：陈 霞 何莎莎 高华琴 刘梦璠
指导教师：冯 艳

创/业/者/名/片

瞿小康 浙江大学宁波理工学院经贸学院电子商务专业 2014 届学生。现担任宁波保税区某跨境电子商务公司运营总监。公司入驻天猫国际，瞿小康主要负责母婴类产品的整体销售。同时他创立了自己的电子商务公司——倾寰电子商务有限公司，是一家从事包括预包装食品和酒类的批发、零售、网上销售，自营及代理各类货物及技术，并涉及进出口业务的综合性电子商务公司。

瞿小康生活照

"喂，请问是瞿小康学长吗？"

"是的，我就是。"

"我们是浙大宁波理工学院电子商务专业的学生，想问一下你有时间接受采访吗？"

从电话另一头传过来的声音非常沉稳，成功与我们商定了采访时间与地点。经过两个多小时的车程，我们终于到了目的地，淅沥的小雨可是着实增加了我们的紧张感，找到瞿小康说的那幢创业大楼，随着电梯门缓缓打开，我们的好奇心就愈发止不住了。瞿小康站在电梯门前，戴着黑色镜框的眼镜，穿着白衬衫，中等身高，长得很帅气。打完招呼，他将我们引到会议室。大家坐下

之后，瞿小康打趣的话语"战绩不显，多多海涵"，着实让捏了一把汗的我们感受到了他的幽默。

"你们别紧张，学长还紧张呢！"我们都笑了，随即放下了拘谨，开始进行了采访。

🌐 创业路上的第1站：大学

"如果真要说当初为什么选择电子商务这个专业并坚持下去，我觉得，这只能说是偶然中的必然吧。"

2010年，瞿小康收到了浙江大学宁波理工学院的录取通知书，因为分数原因，被调剂到了电子商务专业，电子商务在当时还是很新颖的专业，报考的学生也不是很多。瞿小康在各方面进行了解后敏锐地意识到，电商不论是在当时还是以后的一段时间，都是拥有巨大潜力和机会的，虽然并不是自己的第一志愿专业，但他并没有选择转专业，而是毅然决然地坚持了下来。

瞿小康非常激动地给我们讲述了他的第一桶金。

当时，同寝室的室友在做一次团购的活动中大赚了一笔，自己买了车、买了房。这让瞿小康意识到电商的巨大商机，并决定牛刀小试一把。于是他经过自己的摸索开了一家网店，开始卖服装。开个网店对于当时没有实践经验的大一学生来说也并不是一件易事，寻找优质又低价的货源、物流配送等都是一个个难题。他也到宁波当地的轻纺城等地方进过货，但最后决定通过阿里巴巴以及淘宝分销的途径解决这个问题。功夫不负有心人，经过一段时间的努力他除去成本还赚了好几千，虽然不是非常多，却让他明白自己还有很多东西要学习，自己所掌握的知识是远远不够的。他说自己经常会关注一些时事新闻，电商本身就在快速发展之中，信息更新换代很快，因此要时常关注新闻，可以通过网易、SNS、微博、微信公众号、政府新闻网页等来了解最新的时事热点或信息；通过参加各种竞赛积累经验；把握学校组织与大企业家交谈的机会，了解不一样的信息……随后，瞿小康又陆续开了两家网店，开始食品、杂货的网上销售。

讲完他在大学的初期创业经历，他还跟我们分享了他的大学心得："不要功利性地参加社团，应该根据自己的兴趣来挑选社团，趁现在还年轻，还有时间去享受自己的兴趣。"进入大学之后，瞿小康没有局限于自己的专业，也没有想过要放松自己，大一他参加了6个社团，如电子商务协会、投资协会等。发传单、产品促销员、话务员等各种各样的兼职他也尝试过。对他来说，最重要的是能锻炼自己，提升自己的能力：培养团队精神、锻炼口才、提高组织能力和沟通能力、尽快融入社会。因为自己的兴趣，在大二，他还加入了合唱团。这些在他后来的工作中都起到了很重要的作用。

"大学四年，是成长最多的四年。"他感慨地说道。

🌐 创业路上的第 2.0 站：社会

在大学毕业以后，瞿小康在自己创办的倾寰电子商务有限公司兼任客服主管和运营总监，负责店铺各种基础事项，天猫国际店铺 2014 年 5 月刚刚上线，就在 5 月 23 号的一次聚划算活动中，创造了一个奇迹：半个小时 200 万元的销售额，将近 8000 笔的订单。当然，在丰收的同时，也意味着辛劳与汗水。巨大的发货量让瞿小康与朋友在仓库里连续打包发货一整个星期，每天都要持续工作到凌晨 4 点，所有人的睡眠时间基本都不到 4 小时，一有闲暇，都是马上小憩一阵，以便快速恢复精力。虽然初涉电商领域的经历并不轻松，但是瞿小康学长总把"天将降大任于斯人也，必先苦其心智，劳其筋骨，饿其体肤，空乏其身"作为信条，让自己一次次地坚持下去。不到一个月，在又一次大型活动"淘宝年中大促"中，店铺销售额突破了 140 万元。

"当时，大概只有呼吸是属于我自己的。"忙碌的瞿小康自嘲道。

2013 年，瞿小康敏锐地捕捉到了跨境电子商务发展的机会，意识到传统代销行业很难有重大突破。瞿小康告诉我们，是现在的天猫国际让自己萌生了另辟蹊径的念头。2013 年 10 月份，瞿小康进入了某跨境电子商务公司。虽然有开网店与创业的经历，但刚进入公司时的瞿小康还是得从最底层的客服做起，到现在，他已经成了负责公司一支分团队的运营总监。

瞿小康给我们讲述了他在公司工作中犯的一个非常严重的错误。在公司组织的一次聚划算活动中，瞿小康不小心将只有 2000 库存的产品标成了 4000，发现问题的时候活动已经锁定。由于聚划算规定在活动期间，商品价格、库存等都会被锁定，不能更改。这意味着两种可能结果，一种是聚划算活动的购买量没有超过 2000，也就是在他们原先设定好的库存范围内，那么一切都将风平浪静，照常进行。但是另一种严重的结果，就是聚划算活动异常火爆，订单成交量超过 2000 甚至更多，那么在库存不足而又无法再从国外马上获得这么多货物的情况下，这家店就会因为发不出货而垮掉。这时，瞿小康想出了一招:利用自己的账号拍 2000 件订单,但是不付款,这样聚划算活动上的库存显示就少了 2000 件,让他们避免了可能存在的风险。"这次失误给了我一个很大的教训,以后可不敢再这么随意了。"瞿小康说。

天猫国际上的店铺截图

创业路上的第 2.1 站:团队

"你觉得如何才能跟自己的团队成员相处融洽?"瞿小康给了我们一个非常俏皮的答案:"千万不要坑队友。"瞿小康给我们介绍了他的倾寰公司的团队成员,那可是性格迥异,优势互补。瞿小康介绍,梦梦负责团队公司的财务和文案策划,自然是心细温顺;萧萧好奇大胆,善于交流的性格让其成为公司的业务人员,负责打通渠道。在成立初期,团队内部就发生了分歧,瞿小康认为注册一家公司是必要的,但是团队其他成员却认为注册公司会增加成本,毕竟初期资金流没那么充裕。但他用事实证明了这一决策的必要性,例如食品流通许可,以及一些平台上运营的最低要求都是要有公司资质。通过讨论,团队达成了共识,终于齐心创建了自己的公司,更好的团队合作也使得他们登上了一个新的台阶。

瞿小康在说起他与团队成员认识的经历时不由地笑了。萧萧是他在参加合唱比赛时认识的,当时萧萧是他的对手,因为双方都是合唱比赛的主力,所以暗自较上了劲。最后因为萧萧的队伍实力更强,瞿小康输了。但是他却记牢了这个曾经和他一起同台竞技的人。而他与梦梦结识则在体育课上,梦梦是财务管理专业学生,那时他们俩搭档打网球,没想到之后竟然会因为网球而结缘。瞿小康毕业之后,团队平时聚在一起的时间很少,不过他很高兴地跟我们说，2014年9月份自己掏钱请另外两个成员去青岛玩了一趟。在问到团队核心思想的时候，他说第一不能坑队友，要时时刻刻为队友着想，培养相互信任的精神；第二要有相同的价值观念和理想；第三要树立共同目标，这一目标能够为团队成员指引方向和提供动力，提高个体绩效水平，也使群体充满活力；第四要激励团队成员。他的团队成员梦梦回忆："在过去的近三年中，我们团队归他领导。在每天工作结束时，无论这一天是多么紧张忙碌，他都会走到我们的桌前说一声：'谢谢你今天的优异表现。'一个团队领导者坚持每一天对他的团队成员说一句激励的话，意味着他是一个非常坚定地为自己团队做出奉献的人。"

在采访结束之前，瞿小康学长还说："我们虽然没有像大禹一样三过家门而不入，但是我们都已经有两个春节没有回家过年了。在大年三十的晚上，别人在家吃着团圆饭，而我们在吃着梦梦准备的饺子。吃完饭，我们打开电脑接着干自己的活儿。很多时候，我不把他们当自己的队友而是当作亲人，我们互相扶持走到了现在，感谢他们。"

瞿小康与公司团队成员的工作照

创业路上的第 2.2 站：契机

听完他们团队的介绍，我们迫切地想了解更多，于是瞿小康向我们讲述了他们团队经营目标的转变历程。

在还没有注册公司的时候，他们团队主要的工作是营销各类产品，为各类产品代销以及给平台供货，走的是杂而乱的路子，经营的产品没有特点也没有优势，食品和酒类的订单寥寥无几。他们在平台上投入了上万元的费用，月销量却只有几十，根本收不抵支。这也是他们团队在创业初期最为棘手的问题。这让他们意识到必须反思，寻找新市场。

售卖产品的截图

之前在跨境电子商务公司的工作经历以及自己平时积累的丰富经验,让他们的团队寻找到了突破口。公司所在的宁波保税区是1992年11月经国务院批准设立的浙江省唯一的保税区,区内享有"免征、免税、保税"政策,是我国对外开放程度最高、政策最优惠的经济区域之一。瞿小康学长以及他的团队成员一致认为不能在自己的错误道路上继续发展下去,所以最后决定把握住跨境电子商务迅猛发展的势头,进行产品的大调整,从事跨境电子商务。

瞿小康说:"其实我觉得最辉煌的人生事迹应该是自我的成长。物质提升只是自我能力提升后的客观反映之一。更加重要的是我们找到了乐趣,收获了自我,找到了自我奋斗的目标和意义。"他和他的团队正在一步步成长。

创业路上的第2.3站:方式

创业的道路是曲折和艰辛的,瞿小康正走在这艰难曲折的道路上。他给我们讲述了一个励志小故事,他觉得这个故事很能代表他的想法:有一个刚从烹饪职业学校毕业的学生,跑了很多单位也没找到工作。他知道厨师是一个实践性很强的工作,于是想了一个绝招,他来到一家名气很大的酒店,要了很多菜,结账时要500多元钱,但他没钱结账,就拿出毕业证书和经理说:要钱没有,要么我给你打工还钱吧。经理起了黑心,要小伙子以两个月的工作为代价偿还餐费,于是这个小伙子开始上班了。他肯干,脏活累活抢着干,很快大厨就喜欢上了他,收他为助手,后面的结果就不用多说了。瞿小康说,如果你想在某一行业学习,那么就学习这个小伙子,想办法投入到这个行业中工作学习,而且一定要学有所成。

事实是,任何高人也不可能立刻让你变得富有。而瞿小康的答案和建议是拿你最现实的资本——时间,紧紧围绕你的创业目标,去有计划、有步骤地运作,而且一定要立刻行动。很多人一直只是想行动,没有真正去做,当然不会成功。如马云说的,夜里想想千条路,醒来仍旧走原路。

我们要有创业者的心态,最需要做的就是行动。当机会来临时,有人看着它,有人躲着它,也有人抓住了它,却又放了它。但瞿小康牢牢地抓住了机会,永不放弃。失败并不可怕,可怕的是不敢面对失败,因为不敢面对失败就意味着永远都不会成功。

采/访/后/记

采访到了尾声。在这两个月的时间里，随着我们跟瞿小康学长的交流，我们对自己所学的专业——电子商务专业到底要学些什么、作为浙江大学宁波理工学院电商专业的学生到底要干些什么，有了越来越清晰的认识。我们心中激动万分，脑海中满满的都是对未来的期望。电子商务如今正在势如破竹地逐渐取代传统贸易，作为要进入这个领域的大学生，我们是不是已经准备好了呢？在这条新兴的跨境电商路上，我们不该像错过2005年的淘宝网那样选择继续错过，未来还有什么是我们可以把握的、不能错过的，我们很快就能找到自己的答案！

教/师/点/评

瞿小康是一个很清楚自己该做什么的年轻人，对自己的创业路有设计、有计划、有行动。虽然他也经历过很多挫折和失败，绕过一些弯路，但在成功路上谁没有遇到过绊脚石、拦路虎？在跨境电商飞速发展的道路上，他找到了自己奋斗的方向，找到了自己对未来的希望，并且踏踏实实地努力付出着。我们稚嫩的采访者们从他身上找到了他们自己的努力方向，找到了他们彷徨中怎么也弄不明白的答案，这是让我最为感动和欣慰的地方。

俞江敏
平凡中寻找机遇，机遇中创造人生

文/图：王　菲　汪虹霓　刘佳萍　刘珊珊
指导教师：李成刚

创/业/者/名/片

俞江敏工作照

　　俞江敏　浙江大学宁波理工学院经贸学院电子商务专业 2013 届毕业生。俞江敏的父亲是一个土生土长的浙江商人，他自力更生，曾想要打下一片属于自己的商业天地；但天不遂人愿，她父亲的创业道路并不十分顺利，却使得俞江敏受到良好的创业熏陶。俞江敏现经营荷兰宝贝奶粉直邮代购淘宝店，公司英文名为 Nederlandbaby。她的创业团队目前有三人：她、一位美工、一位客服。

初始创业，注重多方面能力发展

　　我们采访小组成员前去采访俞江敏学姐时，她早早就在门口等我们，远远张望着。她瘦瘦的，玫红色的镜架既显秀气又不失经商人的睿智。

　　"只要你兜里有钱，有货源，那你就去创业呗！"当我们问及俞江敏的创业条件时，她不假思索地说出了这句话。

　　俞江敏大三开始经营网店至今，由于各种条件的变化，原本只是作为兼职的网店工作因为她精力不够而变为全职了。这种变化不仅仅代表着网店工作在她生命中地位的转变，更代表着她对于电商未来发展趋势的看好及对自己创业能力的自信。

采访中，俞江敏缓缓讲述着曾经的各种工作经历。虽然几年过去了，那时的一幕幕却仍旧像发生在昨日般历历在目。那年大三的她想要经营一家淘宝店，却因没有固定的货源而处处受制。而"货源"这两个字，不仅在普通实体店中地位很高，在网店中更是有着举足轻重的地位。她在这场采访中时时不离"货源"二字，这般的强调让我们记忆尤其深刻。而对于这个电商人都特别注意的问题，她是这样想出解决方案的。

她在网上寻找需要开淘宝却缺少一定技术与知识的厂家，厂家负责提供货物，她负责处理淘宝事务，事后采用"五五分账"的传统方式进行结算。中途因为她的工作情况变化，她将网店经营权转给了他人。根据她讲述，那家网站经营至今，生意依然较为红火。

"宁波的制造业发展是不错的，但是还有不少制造业企业主不了解电子商务，也不知道如何运用网络这个平台促进贸易进一步发展，这时候就需要我们采取主动的手段了。"俞江敏认为传统产业与电子商务融合度低是目前宁波电商的主要问题之一。这一点对我们创业有一个新的启发：在拥有一定的电商知识与能力时，可以寻求一个厂家提供货物，解决货源难题。

俞江敏很细心地讲述着她的故事，不时向我们提供各种经验。她认为，我们应该在大学基本掌握专业课的基础上，进一步锻炼自我。尤其在大三、大四的课堂上，老师会布置很多大作业，这就需要我们积极主动地投入。

她还记得，大学里有一次大作业是关于调查各种银行的优势与劣势。她认为，调查的结果并不是很重要，最为重要的是过程。在这个过程中，组织一个自己的团队，构建调查框架，找齐资料和进行表格制作，能很好地锻炼我们的分析能力和动手能力。

其中分析能力相当重要。俞江敏刚开始做淘宝时，不清楚如何将自己的产品价格定到一个合适的位置。如果没有很好的分析能力，那只能像无头苍蝇一样，不知怎么处理。通过分析，她整理了淘宝前一百名的店铺资料，将其价格、销量和信用制作成电子表，取其中值。这样，既不显得自身产品的价格昂贵，也不会让产品因为价格低廉、利润空间小而给人留下质量不够好的印象。

🌐 日常生活中洞察机遇，迅速把握时机

在众多的创业机会中，俞江敏最终选择了从荷兰代购奶粉这一渠道，这一选择与其家庭密不可分：她有一个姐姐嫁到了荷兰。在得知姐姐怀孕后，俞江敏灵机一动，想着可不可以让在荷兰的姐夫帮忙，提供荷兰奶粉，然后将奶粉卖给中国的妈妈们。

众所周知，荷兰拥有世界一流的牧场，当地自然环境优越，温带海洋性气候为草场生长和奶牛高产创造了条件，也为高品质配方奶粉提供了优质安全的奶源。在优良奶源基础上，加上严格的制作工艺，绝不含添加剂的保证，丰富的营养成分和免疫元素，荷兰奶粉能增强宝宝体质，有益宝宝健康成长。这样的奶粉在中国妈妈心目中的地位怎么能不高呢？

而现在国内的奶粉行业存在着严重的信任危机，所以海外代购可以作为一种新的、安全的方式来打开国内市场。并且近年来也有不少国外奶粉进入中国市场，国内顾客对国外奶粉的信任度和了解度也是逐年上升的，因此选择走海外代购等方式销售国外的奶粉是很明智的。

如果能提供正宗且价格合理的荷兰奶粉，何愁妈妈们不心动，又何愁赚不到钱呢？一有了这个想法，俞江敏就闲不住了，她把自己的想法告诉了姐姐，姐姐十分支持她创业，答应了她的请求，协同丈夫准备帮这个摩拳擦掌想要大干一番的妹妹一把。

得到姐姐与姐夫货源上的支持后，俞江敏并没有沉浸在自己宏图大业的美梦中不管不顾地直接蛮干。她慢慢冷静下来，思考完善这条创业之路的其他条件，并进行风险评估。

🌐 分析创业条件，寻找创业团队

选择好了方向，接下来最重要也是最困难的就是资金问题。公司建立之初，到处都需要花钱，所以这个时候最重要的是分清事情的缓急，分清公司内部用钱的先后顺序，对公司的资金消耗做好准确的预算。因为刚刚成立的公司总是有一个成长期或者说是缓冲期，大多数情况下前期要有亏损的准备，所以就要减少支出，留足够多的钱用于度过"冬季"。

Nederlandbaby 淘宝网店首页

至于公司的选址问题则是硬件方面的选择,选址的主要因素大概分为交通、人群密度(需求量)和地皮价格。交通便利不仅方便人们前来购物,还方便自己的采购进货,既节省时间,还关系到资金周转,就是说可以很大程度上减少公司在采购时的成本。人群密度大的地方需求量就大,对销售会有很大的帮助。由于公司成立伊始资金困难,所以价格也成为选址的一个重要考量因素。综合以上几点,俞江敏最后选择的是万达广场附近的小区,这样就同时占有了地利人和两个优良条件,只是租金方面稍微高一些,但这对公司的长期发展是有利的。

关于客源,她说开始是一些孕妇要代购奶粉,每一个孕妇周围都有一群孕妇,买了奶粉的孕妇觉得好的话又会介绍她周围的一些孕妇购买奶粉,这样她们公司的客户就多了起来。而且一个客户如果稳定了的话,就要从她们公司至少买三四年的奶粉,因为一个宝宝吃奶粉大概要三四年。

资金、选址和客源的问题解决之后,就需要考虑企业的发展问题,企业发展一定离不开人才,所以在人员的招纳方面一定要仔细挑选,但是也不可以急于求成,要做到精兵简政,按照企业的发展速度来招纳人员,并且要在困难中发现真正的人才,把他们留下来作为公司未来发展的骨干。一般来说,可以找一些自己信任的人加入,因为相互了解就会减少工作中的磨合时间并且会增加默契度。

在一开始,俞江敏只是拥有了想法,还未具体行动。在公司需要人才时,她决定招人。招聘广告发出后,她成功招到了一名美工。俞江敏在 Photoshop 上属于业余水平，而这个美工可是绝对专业的。美工平时会在她这家小公司中工作，得空也会接一些零活。两人因为工作很默契，自然关系很不错，只听得俞江敏不时地称呼她的这名美工为"小伙伴"，可见其同事情谊相当不错。

在她的这个小团队中自然少不了客服。这位客服已经是一位妈妈了，所以在家工作。由于宝宝也是吃着她供应的奶粉长大的，有了自身的体会，她更能把自家奶粉的优点很好地传达给其他妈妈听。并且，我们都知道，一位母亲或许可以在任何事情上马虎，唯独在宝宝身上，她的眼里容不下一粒沙子。此外，妈妈和妈妈之间的话题是很多的，相对来说也很好沟通。有了这么一个妈妈级别的客服，还怕"攻克"不下其他妈妈吗？

就是这么三个人，推动着公司的发展。本着对荷兰奶粉的质量的信任，从而对她们的奶粉放心，在良好口碑的推动下一传十、十传百，自然而然地消费者都信任了俞江敏的奶粉。

创业，向来是浙商的骄傲

说到俞江敏的创业背景，不能不提起她的家庭。俞江敏生于浙江绍兴，一个古色古香的城市。都说浙江人会做生意，勇于创业，这话搁在她家里一点也不假。

俞江敏的父亲是一个土生土长的浙江商人，他自力更生，曾想要打下一片属于自己的商业天地。但天不遂人愿，她父亲的创业道路并不十分顺利。正如她所说："我爸创业并不成功，干什么赔什么，但即便如此，我妈妈还一直挺支持他的。"正是有了家人的支持，俞江敏父亲虽屡战屡败，但仍屡败屡战。如今，女儿们都已经长大，他们也就能放心大干一场了。二老虽年事已高，却有着不可磨灭的创业精神，正是这种精神使他们在晚年也闲不住，跑到深圳继续创业。俞江敏和她姐姐从小耳濡目染，把这种创业精神深深地记在了心里，有了爸爸作为榜样，更是把创业作为了人生的目标。

同样，不断失败的创业经历，也给这个家庭带来了不少的创业与人生经验，更是让后辈们受益匪浅。谈话中，我们问及她是否在创业过程中有过巨大挫折时，俞江敏只是一笑："哈哈，我的运气还不错，到现在还没有遇到过很大的困难。"刚开始，我们不是很清楚原因，但在了解到她的家庭情况后，我们可以大致推测，正是老一辈的许多经验积累，才成就了这样的她；也可以换句话说，前人种树，后人乘凉。

虽说如此，俞江敏的成功与她个人努力自然也分不开。没有自己的亲身实践,再多的理论在现实面前也只是一场空。她一定是不断努力实践,将理论与现实相联系,才有了现今的成就。

迎难而上,乘风破浪

我们询问她,在创业过程中,遇到的比较难解决的问题是什么。她说,比较麻烦的就是断货缺货问题的出现。荷兰在每年12月份开始筹备过新年,这个时间段荷兰的货物十分难取,往往会出现缺货状况,而中国的新年则是在第二年2月份前后,这之间相差了两三个月,此时若是缺少货物,那么生意就会受到不小影响。她对这个问题的应对措施是囤积现货,在荷兰的新年到来之前多进一些货物,囤积起来以防后面货物的短缺。另外由于代购的特殊性,她的货源和客源与其他贸易有一些不同。她的姐姐在荷兰工作,所以可以通过姐姐帮她在海外进货,这样可以节省不少开支和琐碎的程序。

但是在荷兰超市买奶粉是要限购的,一个人最多两桶,针对这个政策问题,她注册了公司,这样去厂商那里进货,就解决了货源的问题。至于客户问题,无论对电商还是其他行业都是至关重要的。关于与客户沟通的秘诀,她说就是要用最亲切的语气去沟通,线上线下都要进行,而且要因人而异:如果客户表现得很强势,你就应采取较为弱势的方式去感化他(她),让他(她)增强自己的存在感和自信心;如果客户很温柔,有礼貌,你就可以采取一些方式让他(她)感觉很受重视,他(她)就会很满意。但是对所有的客户都要有耐心,要像帮自己的宝宝选奶粉一样细心,这样顾客才能买得放心,感觉自己的孩子安全有保障,同时也会觉得你很亲切,愿意主动帮你去做推广。简言之,奉行"顾客是上帝"这一理念,总归是不错的。

俞江敏的店铺现今面临的一个问题是客户偏少。她说目前需要努力发展新的客户。最近新客户非常少,基本都是老客户,因为她主要代购的是奶粉,如果有客户进来的话,一般往后也会留下来长期购买本店商品。她代购的奶粉不管在荷兰还是在中国,都是比较有名气、有信誉的品牌,大多数人都比较信任,所以与客户之间的交易也会比较稳定。她笑谈,卖奶粉这种宝宝用品,最需要的就是耐心了。因为刚生完宝宝的妈妈在对待宝宝的吃喝用问题时都是很挑剔的,这时候就要对这些妈妈们详细介绍自己代购的产品,各个方面都要费一些唇舌解说一番,不能留有瑕疵。

还有一个问题,就是她的客户虽然稳定,但业务增长缓慢,因为始终只有新生婴儿作为消费人群。所以她打算做大了以后也要做一些青年人、成人和中老年人的奶粉，这样可以扩大客源，关键是可以像捆绑一样销售——宝宝吃了奶粉，家里人觉得好，然后其他家人也按照自己的需要来购买。还有一个是妈妈对奶粉是否放心的问题，她说可以去厂商拿奶粉后在上面印上她们公司的商标。"实践是检验真理的唯一标准，真正做生意绝不像课本上那样死板，市场是多变的，人更是多变的，我们要想让自己公司的产品占领市场就必须有万全的准备，以不变应万变，这样才能做大做强。"她这样总结。

永不止步，实现升华

随着奶粉代购生意的发展，俞江敏做起了其他的荷兰产品代购生意。根据她透露的信息，我们知道她代购的商品品种极为广泛，其中有洗护用品、饼干、果泥之类，当然最主要的代购物品还是奶粉。

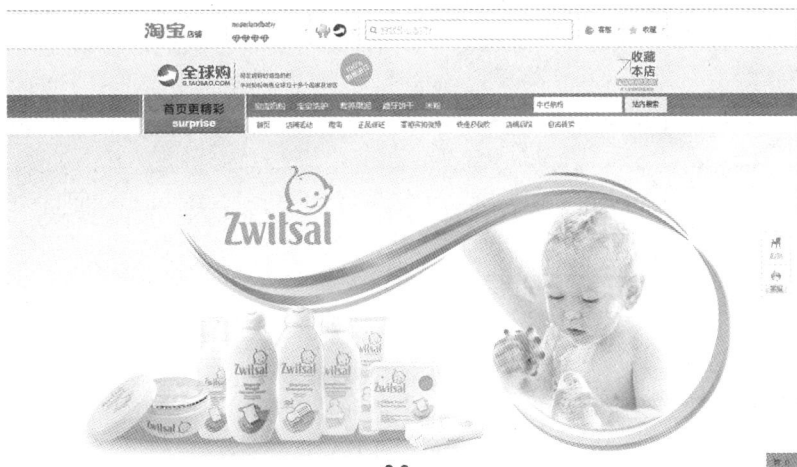

Nederlandbaby 的淘宝网店页面

现在她的淘宝店铺好评率高达 99.79%，服务态度等各项店铺指标接近满分，这在同类店铺中无疑是佼佼者了。我们问她："学姐是不是会一直做这样的代购？"

"不会，如果有机会的话会往别的地方发展，因为奶粉或者其他正在代购的东西，价格都是属于比较透明的那种，这种商品的价格不能轻易浮动太大，而且这些商品的成本本来也是不低的，出售价格又不高，那么利润也就不高了。"所以她说,她以后可能会从事别的行业,如代理之类的工作是她较为向往的。她准备等公司具有一定规模以后,就去申请荷兰本土奶粉公司的中国代理。

整场访谈中,货源、资金和耐心三者是俞江敏讲述的重点。她认为,我们在学好基本能力后,只要满足以上三个条件,就可以通过自身努力自主创业。趁着年轻,我们要敢拼敢赢。创业,无论成功与否,都是对自己的考验,这是一场年轻的博弈!

尽管有了如今的成绩,俞江敏并不止步于此,她有着更远大的目标。她说,虽然达到了预期的目标,但她的要求并不只是这样。是啊,眼前的成就不能束缚我们前进的脚步,我们需要带着自己的梦想,不断寻找机遇、抓住机遇,不断努力,为此奋斗。无论置于何地,都不能忘了自己最初的梦想。相信俞江敏会在她的道路上会愈走愈远,愈走愈好。

采/访/后/记

短短几个小时的采访,就让我们受益匪浅。俞江敏的讲述,让我们年轻的心或多或少都萌生了一种创业的热情。她的经历,在她看来,并没有痛苦的挫折,有的只是一种新的人生体会。她敢拼、敢赌、敢赢! 趁着还年轻,她抓住机遇,努力奋斗。在俞江敏看来,无论取得怎样的成绩,都不会成为她前进道路上的束缚,只能是激励她前进的动力。新时代的电商正需要这样的人才。同样,我们要向俞江敏学姐学习,不能懈怠,勇于创新,开拓出一片更新、更广、更辉煌的电商疆域!

教/师/点/评

俞江敏是一个很有自信与懂得坚持的人。她对于自己的每一步选择都深思熟虑,一旦确定,就能很坚定地朝着这个方向前进。她从亲人的经历上嗅到商机,并能及时把握住这个机会,这种机敏果敢是非常宝贵的。俞江敏创业过程中致命甚至较大的挫折都从未发生过,但这并非表示她创业一帆风顺甚至轻轻松松,因为躲避风险同样需要个人的努力。家庭经验让她意识到风险预估的重要性,再加之以深入的市场分析,才让俞江敏在海外代购这条路上游刃有余。

童华瑞、沈叶烽、徐佳东
三人携手赴风雨，跨境电商售红酒

文/图：包晨秋　陈佳琦　陈艺之　潘佳烽
　　　　艾靖楠　张元辉　王苏婷　黄啊缘
指导教师：周春华　冯艳

创/业/者/名/片

必好饮酒窖经营团队由四个人组成，分别是童华瑞、沈叶烽、徐佳东和另一名浙大宁波理工学院毕业的电商学生，法人代表是童华瑞。2014年他们在淘宝上开设了一家店铺，以经营原装进口红酒为主业，同时也上架了啤酒等热销产品，好评率达100%。店铺的服务态度、发货速度、描述相符都是5.0分，比同行高出不少，已经拥有了一定的累计信用与收藏量。

童华瑞、沈叶烽、徐佳东生活照

坚持最初理念，奠定成功基石

"保持的理念？就是本着学东西的理念。"童华瑞对于创业理念如是说。他们本着学习的态度生活和经营，这是他们一直以来所坚持的，也正是这样的态度才促使他们不断成长。

必好饮酒窖店铺的装修为酒红的底色,外加整体的自然风,与他们的产品巧妙结合,十分符合产品特点,让人一看就能体会到红酒文化的源远流长。必好饮酒窖的所有装修都是他们自己一手承担的,他们在大学时并没有开设Photoshop这门课程,但是沈叶烽利用自己私下的空闲时间去学习,从最初修一张图片要半天到现在的熟练运用,其中的心血可想而知。图片的制作、店铺的装修他们都慢慢学习,亲力亲为,为创业节省了不少费用。

店铺首页图

童华瑞提到,实习训练也是个很好的学习机会,他在大三时通过学校找到一家 TP 公司进行实习培训。实践出真知,毕竟只有课堂学习是不够的。对此,他们都认为大学期间应该多接触些与专业相关的实践。"你没有遇到过,你就永远不会知道。"沈叶烽说道。只有不断实践不断探索,才能在创业这条路上走得越来越顺。他们曾经因为没经验,一个星期可以完成的事情用了一个月,因此浪费了大量的时间。"其实经历一下也是好的。"童华瑞对此说道。不错,不经历风雨怎能见彩虹,很多事情只有自己亲身经历过了,你才知道正确的道路该如何走。

直到今天,他们还是一边学习,一边经营,不断吸收别人的精华,在摔倒后一次次爬起来。他们坚持着最初的理念,在成功的路上越走越远。

🌐 择定创业方向,把握时势机遇

对于红酒的知识他们从以前就开始积累,并且产生了一定的兴趣,也有了靠红酒来创业的想法。

红酒对于外国人就相当于茶对于中国人，虽然考虑到红酒产业主要以一些年纪稍大的人为主要消费群，但是对中国这个虽不成熟但有着广泛客户的红酒市场，他们还是有信心的。他们也给我们说明了选择红酒的一部分原因：随着中国经济的飞速发展，奢侈品市场正迎来中国时代；在饮食消费上，越来越多的消费者开始了解到身体健康的重要性，酒类消费向低度、营养等方面发展。红酒作为符合这一消费趋势的产品，势必会有很大的发展。但红酒在电商贸易中并非那么拥挤不堪，在淘宝等电商平台上的少量红酒商，也能为他们提供一些经验和渠道，最重要的是保税区在货源上的支持降低了他们的经营成本，并且货源的品质有保障。

他们能成功，个人的努力与毅力固然重要，却也离不开外在客观条件的支持。电商行业的蓬勃发展，有利于大学生创业的政策出台，都成了他们成功路上的助力器。

"十二五"期间，电子商务被列入战略性新兴产业的重要组成部分，电子商务将是下一阶段信息化建设的重心，正在经历一个彻底的转型，从"黄页式"的信息平台转向交易平台。交易平台能够包括海外推广、交易支持、在线物流、在线支付、售后服务、信用体系和纠纷处理等整合服务。

这些都为国内电子商务和跨境电商的发展提供了良好的机遇，三位也正是看到了这些。徐佳东了解到，未来天猫"双11"的销售额中，跨境贸易的比重将会达到三分之一甚至是一半，所以跨境电商未来的发展前景是乐观的。徐佳东还认为对于大学生来说，创业最好不要选择已经很成熟的领域，可以选择刚刚起步的领域，比如跨境电商这样刚起步但发展迅速的行业，比较有施展才能的空间，且选择跨境贸易的机会成本比较低。

有了宏观环境的支持，也有了创业的想法，加上大学期间在电子商务企业积累的实习经验，徐佳东、沈叶烽、童华瑞利用自己电子商务专业的优势开始了他们的创业梦想。在咨询了老师之后，他们得知学校有一个与宁波保税区签订的项目，这个项目也成了他们的目标。经过不懈的努力，他们在学校和保税区签订的项目中脱颖而出，成功进军保税区。在他们创业的前期准备中，他们的导师董新平给予了很大的帮助。

宁波保税区对跨境电商的优惠政策以及对产品质量的严格把关，都为他们的跨境贸易店铺提供了良好的发展机遇和信誉保证。据徐佳东说，宁波保税区支持大学生创业，政府扶持力度大，政策齐全，而且前期资金问题不大，很少有积货现象产生，减少了创业者的许多压力。

第一次主动出击，童华瑞和徐佳东去北仑开了一个叫作"保税通"的项目会议，当他们走进去，看到天猫商城总监、宁波市副市长、宁波市企业家代表等知名人士时，顿时内心澎湃，更加坚定了要在保税区闯出一片天地的信念。在表达了自己的意愿，以及经过选拔，他们成功外包到了一家叫作"天天乐食品专营店"的天猫店铺，这也是他们第一次一起经营一家天猫店。2014年3月，他们三人在毕业论文基本完成后，集体去北仑开始了创业。

虽然前进路上挑战不断，但面对潜力大、机遇多的跨境电商市场，身为电子商务专业学生的他们，在跨境电子商务方面尽情发挥了自己的专业知识和技能，化挑战为动力，秉持着诚信态度，团结协作，坚持不懈，在跨境电商的大潮流中迈出了自己的步伐，一步步向心中的梦想前进。

童华瑞、沈叶烽、徐佳东认真聆听问题中

创业路上越挫越勇，坚定不移追寻梦想

怀着创业热情，带着创业梦想，找准了创业机遇，是否就能顺理成章地发展起来呢？漫漫创业路并非如此平坦。

"露宿街头"反成乐趣

在保税区的生活并没有想象中轻松，他们住在保税区提供的宿舍里，而宿舍附近是港口，每天晚上集装箱车经过宿舍的时候，嘈杂的声音让他们无法安

睡。"你可以想象，在你睡觉的时候床都会震动。"徐佳东说道。"晚上车子的车灯照进来，那叫一个灯火通明，电费都省了。"沈叶烽也笑着接话。住宿的条件并非那么如意，借用他们的话来说就是"像露宿在街头一般"。

"可是你们俩那时候都胖了一圈。"童华瑞兴致勃勃地打趣道。说起这个，三人仿佛打开了话匣子，你一句我一句互相取笑对方。原来住宿条件虽差，但三位却是能够苦中作乐的人，离宿舍区不远的小吃一条街给了他们无穷乐趣。从街头到街尾，满满的小吃，三人每天必去，兴尽而归。虽然是在这样艰苦的环境下，他们仍然保持着一份积极向上的心态。看到他们形容北仑小吃一条街时满足的笑容，我们都被他们的神态逗笑。他们乐观的态度以及面对困境时的从容淡定，令我们钦佩，而这也正是创业者应具备的素质。

店铺收回，重新起步

由于经验有限等原因，天猫店的经营并不顺利，后来三人经营的天猫店被收回了。但是他们及时做出了调整，童华瑞、徐佳东、沈叶烽三人重新规划，制定目标，最终在淘宝上开设了必好饮酒窖。通过从保税区进货，他们主要销售法国、西班牙、意大利等地生产的进口红酒，也有德国黑啤、新西兰香槟等。店铺虽是第二次成立，但成功岂是唾手可得的？

"其实不管遇到什么苦难什么挫折，只要努力了都能解决，就算暂时无法奏效，最终也总会带来成功。"据沈叶烽透露，他们在创业前期与物流对接的时候，每次都需要跑到保税区进行出货单的填写。他们当时还是宁波理工学院的学生，每天都在学校，前期这个工作光路程来回就要整整一天。物流的对接就是保税区的物流系统与店铺的后台对接，主要是刚开始的时候物流系统需要调试，所以每次一需要物流对接就要花费一整天的时间，想想就能知道其中的枯燥和苦闷。而且，毕竟他们不是完全投身创业的人，他们还有其他的事情要完成，时间问题当时给他们带来了严重的困扰。

"困难摆在你的眼前，不是留给你露出惧怕的眼神，而是要你准备披荆斩棘。"在创业初期，人手一直不够，找人做也不可能，他们只有自己亲手来做。他们开了个小会，最后的决定是两人一组轮流去对接，这个过程虽说不漫长但也经历了很久，令他们饱受奔波两地的折磨。当我们问到是什么让他们渡过这个难关，是什么让他们最后解决了这个问题时，他们只用简单的两个字"坚持"带过了其中的付出，但个中的辛苦我们可想而知。

小小充气袋，解决大问题

"问题一个接着一个地来，我们也就这么硬着头皮顶上去了。"谈话中三人的言语、表情告诉我们，他们没有想过放弃，他们有的是信心和坚持不懈的努力。酒类产品出产都是密封包装的，所以在包装方面也是很值得关注的问题。啤酒包装容易变形、破损，一不小心被压了一下就会损坏，消费者要是看到自己买的东西没有那么完美，就会有想要退货和理赔的负面情绪。在前期，这一点小小的打击都是很致命的。他们分析了啤酒易变形破损的特点，主要针对在派送过程中不小心会产生损毁和影响外观的情况，在百度、阿里巴巴等网站上找寻解决的途径，也尝试了几个办法，最后在阿里巴巴网站上找到了一款合适的充气袋。充气袋可以很好地保护啤酒的包装，使其在物流过程中不会受损。"一个充气袋就能解决问题，挺容易的。"他们一直都是一脸的轻松和坦然，像在告诉我们，只要用心，什么都可以解决。

"淘宝、天猫上也有店家在销售红酒，虽能给你们经验，但更多的是竞争。你们是如何调整自己从而吸引顾客的？"面对我们的问题，童华瑞说道："有竞争就说明这个行业是有前途的，我们作为进口红酒专营店，主要竞争对手也是进口专营店，在淘宝、天猫上的竞争中，我们通过店铺装修、产品价格方面的不断调整来吸引顾客。"

卖酒者却劝顾客别买酒

说到经营过程中的趣事，他们提到，曾经有一位顾客要购买他们的酒，那位顾客订购了一桶 5 升的木桶装红酒，对于刚创业的他们而言，这笔生意本该是极好的。但问题出现了，这是一位昆明的顾客，从宁波到昆明的运费是按重量计算的，由于超重，邮费价格远超过了利润，如果包邮，就会导致亏本（当然，这位顾客的要求是包邮）。接这笔生意，会亏；不接，又损失了一个顾客。几人接到订单的喜悦心情顿时一扫而空，在经过反复斟酌后，他们只能劝顾客不要购买。为什么有生意却不做呢？这也体现了创业之路上蕴藏的学问之多。

另外，红酒的主要消费群体和网络上的活跃群体其实并不太相符，在网络上的消费群体大多是 18～25 岁的年轻人，而红酒的购买群体是 30 岁以上的中年人，所以出现了群体不匹配的状况。这个其实是比较令人头疼的，怎样去吸引更多的潜在消费群体来购买他们的产品，也是店铺经营过程中面临的难题。如果想在天猫上做开红酒这一行，只有去培养 18～25 岁的人喝红酒，这显然是件很难的事。所以，学长们着手去调研网购人群更钟爱哪一款酒，他们从自己的店铺入手，在店铺中增加了啤酒和香槟酒等对年轻人口味的产品，以扩大消费群。

差点被朋友和家人"封杀"

作为大学生，在校读书时需要父母资助，在刚刚步入社会时也没有多少资金可供其任意使用,而资金问题对每个刚毕业而且打算创业的人来讲,都是一个必须克服的障碍。店铺的宣传需要大量资金,他们没有高昂的资金去投入宣传,于是三人便在朋友圈、微博等社交平台纷纷挂起自己的店铺网址与产品,哪怕能有些微的效果也是好的。他们一有新产品上架便立马更新状态,曾经一度导致三人的朋友们想拉黑他们,因为谁也不希望刷朋友圈像在逛淘宝一般。如今三人笑着说,怕被朋友们封杀就没有再如此做了。

由于三人也是刚毕业的大学生,在父母眼里还是孩子,父母当然不赞成他们创业。加上创业是件很费心的事,父母舍不得他们如此辛苦,况且家里也没有庞大的背景或是这方面能够帮上忙的地方,他们在外打拼,甚至不能经常和父母见面。但是三人非常坚持,即使家庭的阻力与日俱增,他们也顶住压力,想着要有一番作为。他们没有选择用语言去劝服父母,而是用实际行动告诉父母他们可以,他们行!后来父母看到他们如此坚持,把店铺办得有模有样,于是从反对转为支持。有了父母的支持,他们的干劲也更加足了。

创业过程中遇到的难题和阻力从来就不会少,但好在他们从不退缩。"问题和阻力肯定是时常伴随着我们前行的,但我们必须面对,通过解决和处理这些问题我们才会成长,才会做得更好,走得更远。"沈叶烽的这番话给了我们不少启示。诚然,追寻创业梦想的途中难题和阻力不可避免,但只有在创业路上迎难而上才能不断强化自己,不被逆境击垮。

回望来时路,走得异常稳

他们能拥有今天的成绩,是因为脚踏实地而不好高骛远。三人拥有不一样的闪光点,徐佳东创新果断,沈叶烽沉稳善思,童华瑞有着良好的控制能力。每一个人都为这个团队做出了各自的努力,才让这个团队走得越来越好。

他们向我们讲述了大学四年期间各自积累的社会经验。他们在四年的大学生活中努力学习知识、积累经验、广交朋友,尽管他们的创业经历或者说为创业所做的准备充满了波折与艰辛,但他们从不缺乏热情与坚持,这让处于大一的我们不得不佩服。可以看出在大学四年期间,他们获得了很多课本上没有的东西。

徐佳东是三人中最早创业,也是创业经历最丰富的人,他在大二期间就已经有过和同伴进行创业的经验,在阿里巴巴平台上开了一家淘宝店。在他的家乡上虞有一个生产雨伞的厂家集群,因而廉价而又方便的雨伞成了他们产品的首选。作为一名初次创业者，他没有任何经验，周围也没有相似的经历可供参考，就亲自到生产厂商处寻找货源，商讨价格，给产品拍照，进行照片美化，取样销售，所有的都是亲力亲为，就这样淘宝店的一切前期工作都做好了。在那个充满激情与热情的大二，他和同伴的第一次创业风风火火地开始了，没有任何犹豫不决，利落而果断。但现实毕竟是残酷的，在淘宝网这个平台上，竞争对手众多、竞争压力巨大，产品的实际销售与想象不同，没有达到预期结果。"雨伞虽然销售了出去，但是销售额不大，市场前景不是很好。"他说道。但他没有被这个惨淡的成绩所击败，而是从中吸取了教训："雨伞不像其他商品一样会因为消费者喜欢而购买，它通常属于急需产品，是因为当时情况所迫才被购买的。"就这样，第一次创业尝试在众多压力下落幕。这并不意味着他会认输，凭着一股韧劲和不愿服输的精神，他开始了第二次创业。同样，也是开淘宝店，这一次他选择的是卖皮夹。上一次失败的经历，让他明白选一个好项目的重要性，相对而言，这次的产品受消费者的关注更多，网络浏览量也较之增多，但是另一个问题也随之而来：货源的网络供应商出现了问题，缺货使这个淘宝店的运营被迫终止。或许这是上天对他的一个考验，让他在未来面对未知的困难时能够更加从容淡定。

就如前面大家所达成的共识那样，创业是一个让自己不断学习进步的过程。多次的失败并不能代表什么，伟人也曾说过"失败乃成功之母"，这些失败换来的只会是更丰富的经验，让自己更了解在成功路上应具备的素质，厚积薄发。

当然，这并不是全部。作为一个创业者，他们的野心抱负不只是开淘宝店、做实践操作而已。在学校期间，徐佳东、沈叶烽都参加过浙江省大学生电子商务竞赛，为创业积累理论知识，培养了创业团队的默契，虽说比赛没有得到好的名次，但从中获得的收益却不是名次能够替代的。正如沈叶烽所说："这也是一种不错的学习经历，值得去尝试。无论是对创业还是就业，都是有很大帮助的。"有着深厚的理论知识做引导，他们的创业之路不再迷茫。

"创业对于我们而言是一个很大的挑战，但这也是我们不断积累经验的过程。"童华瑞说道。作为这个创业团队的领导者，童华瑞是一个不可或缺的人物，他虽然在校期间没有尝试过创业，但是他的领导能力在团队里是毋庸置疑的。他在许多课业的团队任务中担任组长一职，组织、协调、配合组员完成任务。同时作为一个寝室的室长，营造好寝室氛围、培养室友间的默契，是这个创业团队能在一起共同创业的重要原因。

大三做专业实习期间，他们也都在不同的电商企业实习，积累经验。在工作中学习，不仅提高了他们的能力，也让他们更了解社会；面对各种压力，让他们成长更多。这个阶段在整个大学生涯中，只是那么一小部分，但是对他们创业而言，却有着不可缺失的重要作用。

他们三人是室友、同伴、合作者，他们为创业做出了不同而有意义的努力，汗水与辛苦总是和成功成正比的。在整个创业历程中，大学为他们创业的前期准备和尝试提供了充足的时间，也为他们冒险精神的绽放搭建了舞台。

现状从不满足，梦想绝不搁浅

"你们能在刚毕业不久就有现在的成就，算是挺成功的创业者了。"

"那不是，说成功还太遥远，我们离当初的梦想还远着呢！"刚开始做天猫的时候，三人的目标是每人一年赚60万元。现在他们虽没有达到目标，但也在努力靠近。为了减少投入成本，如今童华瑞和徐佳东加入了杭州的一家企业并成了正式员工，他们准备再深入企业获得更多的经验与锻炼。毕竟他们一毕业就开始创业，没有经历过真正的企业训练，缺失了许多创业技能。沈叶烽也在代运营公司上班，以积累更多的经验。当然，他们是一边各自加油，一边共同管理着他们的店铺。

这一次，他们整装待发，重新蓄势。

三人表示如果有好的机遇和项目，会考虑涉足其他领域，对现在红酒事业的运营也准备加大和实体店的对接，满足于现状肯定是不行的。对于未来的发展他们有很多期待，创业路上需要不断地展望和憧憬未来，这会带来更充足的动力，牵引他们继续前进。

在大学生电子商务创业方面，三人也毫无保留地提出了自己的建议。首先，选产品要把握五点：一是刚需，红酒在国外就如茶水在中国一样，这是一种实质性的刚需；二是消费人群，要确定好你的消费人群；三是要有一定的价格优势；四是产品的卖点，你要清楚产品是为什么而卖；五是店铺的装修，沈叶烽认为，其实模板对店铺不是太重要，但是整体的店铺风格要统一且适合产品的定位，有些产品的详情页要抓住产品的卖点。其次，在物流方面，要关注你的产品是否易碎，还要考虑物流的价格。从物流价格看，产品最好选择物流成本较低的，或者顾客群体最好集中在江浙沪一带的。最后，童华瑞认为，作为大学生，最好在大学四年里面不断地寻找一个好的项目，还要准备好创业的基本条件，如美工方面。最重要的就是物色好合作人员，找好创业团队里面的基础人员，每个人都有不同的特长，要做到发挥每个人的优势。

沈叶烽建议有创业想法的学弟学妹可以在大学期间先开个淘宝店，他说："不要仅仅在课堂上学习理论，课后也要尝试一下，凡事都需要实践与理论相结合。"徐佳东也认同沈叶烽的观点，他认为大学生不妨以学习为主，实践为辅，在前期成本投入不需要太大的情况下尝试开个淘宝店，不要只是为了赚钱而创业。

此次访谈在不知不觉中接近尾声，我们像是见证了他们从青涩幼稚的大一到如今创业的整个历程。采访中，他们总会强调说："创业前选择好自己的伙伴是成功的一半。"带着不一样的人格魅力和同样的创业梦想，他们组成了这支创业团队并取得了不小的成就。我们想，正是这样不同的性格，让他们在思想上碰撞出不一样的火花；也正是这样互补的性格，使得他们的创业团队能力更全面、更丰满，在应对不同情况的时候展现出各自的过人一面，在创业的道路上走得更稳、更远。或许这就是团队比个人更具备成功潜质的原因。创业过程中，组建这样色彩多样的团队，会让你的创业计划如虎添翼、事半功倍。

我们细细聆听着他们的创业故事，感受着他们在创业过程中的艰难与惊喜。在故事中，我们看到的不仅是一次充满冒险与未知惊喜的创业历程，更是三个翩翩少年为了追寻心中的梦想而坚持信念，不断地探索、求知，最终在纷繁复杂的商场上站稳脚跟的励志人生。他们从零开始，一步一步，这其中包含着多少辛酸苦楚，但他们没有退缩，他们靠的是自己的智慧和能力，坚韧与坚持。正如他们经营的店铺名一样，结果"必好"，他们正在逐步实现属于他们的梦想。

采访队伍与童华瑞、徐佳东、沈叶烽合影

采/访/后/记

　　自主创业在我们心中一直被贴上"漫长艰苦"的标签,让人望而生畏。然而在与童华瑞等三人深入交流之后,我们对创业的刻板印象有了很大的改变。诚然,万事开头难,但勇气就是明知前方道路险阻,还是敢于尝试,坚定勇敢地踏出第一步。而后你会发现,在你不断的尝试中,在你不断的跌倒、爬起中,你已离你的目标越来越近。

　　我们采访的三位学长在创业上面临过不少的困难,当他们云淡风轻地说起那些坎坷,我们不仅感受到他们乐观的人生态度,更看到他们面对困难时的坚持不懈。我们也更加清楚创业之路坎坷不堪,布满荆棘。每个人都可以创业,但并不是每个人都会成功,能否战胜创业路上的艰难险阻决定了你能否向成功迈进。

教/师/点/评

　　童华瑞、沈叶烽、徐佳东,三个年轻人,为了共同的创业梦想走到了一起。创业路上总会有一些坎坷,但他们没有放弃,反而越挫越勇。虽然公司才刚刚起步,从公司注册,到产品选择、经营推广,很多的事还需要不断摸索,但他们正想方设法,合力去解决一个一个问题。正是由于这种坚持,他们对红酒领域的认识越来越深入,正在挖掘其广阔的中国电商市场。他们的创业经历可为许多未开发的跨境电商领域创业提供借鉴。

潘绍斌、沈　昀
热门行业求生存，愈挫愈勇淘宝路

文/图：白　冰　李　成　叶晓诚　高佳钦
指导教师：林承亮

创/业/者/名/片

　　潘绍斌、沈　昀　浙江大学宁波理工学院经贸学院电子商务专业 2012 届学生。毕业不到三年，他们就已经成为拥有六个员工的小公司老总。他们经营的宁波市鄞州黎韵服饰有限公司成立于 2014 年 3 月，公司主营日、韩、欧美各国女装服饰，销售主要通过淘宝、天猫、阿里巴巴等电商平台，月平均营业额达到 25 万～30 万。

潘邵斌(左)、沈昀(右)生活照

🌐 跟随自己的心，有想法就去做

　　"创业之初的想法嘛，就是改善生活条件。"潘绍斌在说到创业动机时这样说。创业之初他并没有太复杂的想法。对电子商务感兴趣的他选择了电子商务专业，在大学里学习了四年的电子商务，毕业在企业实习一年后，对电子商务的运营模式和女装经营已经有了理论上和实践中的切身体会。"一方面对这个有兴趣，也崇拜像马云这样把电子商务搞得特别好的人物；另一方面对淘宝等电商平台有所了解，就一心一意想去淘宝上拼一把。"

　　但潘绍斌在有想法之后却并没有得到家人的支持。他的父母认为，一方面电子商务也就是在最近几年才迅猛发展起来,虽然家人也从商,但对电子商务的发展前景了解不多;另一方面毕竟孩子刚毕业不久,还太年轻,没有什么经验,父母怕孩子会吃亏。

那段时间他陷入了矛盾之中。他自己的父母是经商的,父母的生意已经非常好,自己跟在父母后面也学到了不少。子承父业,也不需要面对刚刚起步的诸多困难,确是一个不错的选择。但他并不想依靠父母,而是想自己出去闯荡一番。自己开网店面临一系列亟待解决的问题,首先就是资金短缺,没有得到父母的资金支持就需要通过其他渠道筹钱,谈何容易。

最后潘绍斌还是想去拼一番,拼不出成绩再回来子承父业。在坚定了自己的想法之后,他动之以情、晓之以理,耐心说服家人提供了一些资金给自己。"当时还只是想小打小闹,也不需要太多资金。"就这样他慢慢开始做了起来。

凭着对女装的长期深入了解,他判断女装市场大、流量大,女装本身成本较低,因此利润空间很大。从家人那里得到一些资金后,他毅然开始在淘宝上做女装销售。"我就这么小的投入,能赚钱我就做大,亏钱了就不做,反正也亏得不多。"一开始做规模不是很大,时间做久了之后,他发现做女装销售有利可图,逐渐加大了资金投入,直至做到了现在月平均营业额 25 万~30 万元的水平。

从一开始做到现在,潘绍斌遇到了不少困难,有段时间甚至亏得很厉害,但他认为以长远眼光来看,做女装会赚钱。虽然困难重重,他还是选择坚持下来。创业过程中不会一帆风顺,最后的成功会留给持之以恒的人。"我一直相信这个市场是有机会的,所以我一直没有放弃。"机会是不会留给中途就放弃的人的。正是这份坚持让这个有坚定信念的人等到了机会。一把剑只锤打而不去淬火就不会成为好剑。当被问到当时有多大的决心坚持下来的时候,他说道:"创业之初,遇到一点困难,我的确想过要放弃,当时若有一份稳定的好工作也会犹豫。但是时间一长,发现有发展空间,于是就坚持做了。"

选对一同创业的伙伴

潘绍斌和沈昀在大学是室友,也是志同道合的朋友。两人在大学时都有创业的想法,毕业后去了不同的公司实习。虽然是在不同公司,却在同一栋楼里,两人经常能见到。实习一年后,两人一拍即合,商议一番后决定共同创业。

"两个人在一起做事难免有分歧的时候,特别是在遇到困难的时候,但我们从来都没有互相抱怨过。有的时候也会争吵，吵过后我们两个人各讲出自己的想法，权衡利弊之后最后做出决定。"从一开始到现在遇到过很多事情，他们从来没有撒手不做的想法。

潘绍斌和沈昀两人一个属于冲动积极的类型，另一个则相对比较沉稳；一个对能赚钱的机会敏感，一个能对机会进行相对全面的分析，两人互相牵制配合，避免了很多失误。

"和以往一样，我们一直都配合得很好。"他们说。个人的能力再强也强不过一个团体，双拳难敌四手。"团队合作，取长补短总是比一个人要强得多的。一个人是很难撞出思维火花的。"

抓住机遇，获得第一桶金

从 2013 年 5 月份开始，潘绍斌和沈昀开始真正创业了，不巧的是适逢淘宝成立 10 周年，出台了一系列的新规则，很多卖家搞不清楚，不知道往哪个方面下手。潘绍斌和沈昀也不例外，那个时候保本就是他们最大的期望。那时候店里的营业额也只能保本："当时我们真的很紧张，安不下心来。"这种情况一直延续到 6 月中下旬，离新规则出来已经一个多月了，通过多次尝试两人渐渐找到了应对的方法。

他们开始去报名参加淘宝平台上的天天特价活动："我们知道天天特价上的产品都比较便宜，吸引了比较大的流量。"那时候刚起步没多久，没有多余的钱打广告，他们就在淘宝上打价格战，比别人的产品便宜一点。事实证明通过这一方法为店铺带来了不少订单。销量上去了，店铺的等级提高了，点击量也就多了起来，就这样慢慢地为自己的店铺吸引了一批消费者。每逢节假日，潘绍斌和沈昀会弄点节日折扣还有小礼品送给消费者。"虽然小礼品不太值钱，但会让消费者觉得你很有心意。"沈昀这样说道。他们靠这样的做法激起了一部分女性消费者强大的购买欲望，为自己的店铺吸引了一大批回头客。由此，他们为自己赚得了第一桶金，也留住了一批客户。除此之外，他们还利用淘宝清仓等活动大大提高了曝光度。虽损失了一些利润，却换来了众多的回头客和消费者，在淘宝平台上立稳了脚跟。

网店截图

纵遇挫折也不放弃

　　到了七八月份,销售进入淡季。"女性朋友在夏季没到的时候就开始买夏装了。到了夏季的时候,天气炎热,大多数顾客都不会下订单了。"沈昀说这是无法避免的。"在淘宝上做生意也是要抓住消费者的心理特征,投其所好、避其所恶才能赚钱。"他们运用这个时机,去寻找可靠、能长期合作的供货商,整顿好自己的供货和物流,思考在下一个销售旺季来临之时怎么进一步增加自己的销售量。

　　九十月份,销售旺季来临,他们店铺的生意又渐渐好了起来。"到了后来,订单量一下子暴增,我们之前因为估计销售量处于一般的水平,所以存的货非常吃紧。"恰巧遇到10月1日假期,广州那边的供货商和物流公司都放假了,店铺出现断货。两人马上和厂家商量加班赶出来,厂家也答应了,但从广州那边发货过来还要两三天时间。就这样,国庆节的购物狂潮时机错过了。好不容易货从广州发过来了,可是那年10月中旬浙江地区遇到了台风,余姚等地被淹,物流运输出现困难。屋漏偏逢连夜雨,货物滞留在了江北地区。"我们那时与货物隔海相望,干着急。"潘绍斌和沈昀没有轻言放弃,想着货物既然已经在宁波了,等物流还不知道要多长时间,干脆自己开车过去取。当时大车过不来,小车是从一个小村庄过去的,因为大水,好多货运司机都不愿拉这趟货。幸亏当时有个好心的师傅,在答应给双倍价钱之后帮忙把货物运来了。"当时真的好险,那些好车都在水里面熄火了,我们的车身比较高,也是蹚着水过来的。"这回经历提醒了他们,在旺季时要多囤点货,以备不时之需。

2009年之前,11月11日不过是一个普普通通的日子;而到2012年,它却成了一个标志性节点,一个销售传奇,一个网络卖家、平台供应商、物流企业的"狂欢节"。2012年,淘宝"双11"的销售额达到191亿。作为淘宝卖家的潘绍斌和沈昀当然不会错失这样的好机会。他们在2013年"双11"那天推出了一款新产品,也预计到了销量肯定不会差。他们又跟厂家提前约好,保证供货不会有问题。那天活动结束后,订单量如预期一样很高。但是货物到手之后他们却发现质量参差不齐,在看到货物的时候就已经料想到会有很多人退货。想到退货,货物也不敢拿太多,只能按照下单时间先发一部分,几天后发现,退货率竟然达到了50%,比预期要严重得多。如果按照这样计算的话,有一半人退货,就有一半货卖不出去,亏得就有点多了,但如果不退的话对店铺的影响非常大。没办法,该发的还是得发,最后他们想到了一个办法:发货速度慢一点。那几天刚过"双11",物流拥堵,顾客也能理解,就等有的顾客货退回来,然后再给另外的顾客发出去,就这样减少一部分的损失。尽管这样解决了一点存货,但还是积压了一些库存,后来花了两个多月才把积压的库存消化掉。

愈挫愈勇

2013年12月,他们在淘宝上架了一款新的打底裤,一开始进的时候因为怕卖不出去,囤在仓库里,所以只进了差不多2000件货。但出乎意料的是,打底裤一上架就遭到了消费者的疯狂抢购,订单总数高达4000件。

大量的订单对他们来说不知是喜是悲,货物的供应不足让他们有些着急,但事情既然发生了,总得想办法解决,于是他们赶快联系了供货商,要求马上加工把货赶出来。大概过了一个礼拜,供货商才把货发过来。本来以为事情可以这样结束了,但是收到货之后,发现那些货是没有打包的,而且有些与订单的品种不一样。潘绍斌猜测供货商可能也是七拼八凑找来的。没办法,只能自己包装好再发出去。他们找到了万里学院的兼职群,招聘了几个万里学院的学生,对商品进行包装。幸好打底裤不分尺码,只要分清颜色就好了,少了很多工作量。当然这也造成了不必要的亏损,拖了这么长时间,有些买家不耐烦,要求退货的、给差评的很多,对店铺也有影响。

先前本可以不用这么慌张的,因为供货商在之前承诺如果到时候销量好,差个千余件,还是能够顺利生产、发货的。但后来真正缺货的时候,供货商却一下子拿不出这么多货。潘绍斌总结说:"厂家的话不能全信,只能够相信一半,在特别时期就应该多备几个厂家,如果这家不行马上可以换另外一家,这样就可以快速补齐缺少的货。这次就是因为没有备几个厂家,厂家那边给不出货,所以才会这么长时间供应跟不上。"

遇到这么多次麻烦,每次都对客户造成一定伤害。每次收到差评之后他们都要给消费者提供一个恰当的解决方式。"我们的产品或许不是出色的,但我们的服务务必要做到最好,服务是另一个口碑。宁愿少赚点利润,也要换回信誉度。纵使产品好,服务差也是零。"

正是这样为他们带来了很多回头客,这些回头客是他们的保障。很多回头客都是第一次给了差评的,因为看到了他们的真诚,又给他们带来希望,也给了他们坚持下去的勇气,这成为刺激他们做到更好的良药。

稳扎稳打,一步步做大

虽然有不少次因为各种原因让店铺遭受到不少损害,但是在遭到差评之后他们通过主动给顾客道歉、重新发货、赔偿消费者损失等手段让不少消费者修改了差评,让店铺不至于遭受很大的损失。"我们也没有损失多少,就是少赚了些利润而已。"

"目前,在淘宝上只打算做女装这一个类目,因为我们现在做这个才不久,女装做得还不成熟,还需要再做一段时间,多积累点经验。"在谈到未来有什么打算的时候他们这样说道。经历这么多挫折,店铺还没有真正稳定下来。凡事不可一蹴而就。搞电子商务和做别的生意没什么区别,先把小的做好才能做大,否则做大之后缺少经验,到时候亏损就会更多了。

"我们现在正在和京东、国美等谈合作,先用一小部分资金投入,大部分的资金还留在淘宝里运作。合作谈妥了,而且若能做得好的话就开拓一下销售渠道。目前要紧的是做好淘宝,稳住员工。"经历了这么多挫折,必须先把淘宝这边的生意稳定下来。"匆匆忙忙地扩大必然会导致一系列的问题,在进一步扩大之前必须保证有一个完整的团队。"从他们的眼神中可以看到,他们很想做大,也很有信心。相信在解决各种问题之后他们会做得更大、更强。

虽然现在面临这么多难题,但以他们的长期观察,在淘宝等平台上电子产品可能比较好卖。在做好淘宝之后两人可能会向电子产品这个领域进军。他们看到数码产品更新换代的频率比较快,加上周边的配件种类繁多以及人们都追求最新的科技体验,因此他们选择在未来经营电子产品,以男性为主要消费群体,他们想进入这一市场大展拳脚。

"无论干什么,都要有应对一切困难的勇气。只要信念强,无论遇到什么挫折都会坚持下来。"潘绍斌和沈昀这样总结他们的成功之道。"其实摆在我们面前的路还很漫长,未来还不知道会遇到什么麻烦,说坚持可以与大家共勉。"

挫折成就他们。青春是他们最大的资本,是年老者买都买不来的财富。他们会演绎出自己青春的精彩,纵使有泪水,也是甘甜的;纵使有汗水,也是幸福的。我行我素,披荆斩棘,这才是年轻人的榜样。

采/访/后/记

这次采访过后,我们的心情久久不能平静,潘绍斌和沈昀学长大学毕业也没多久,现在已经正式创业。作为在校的学生,我们该为我们的将来选择什么样的道路、做什么样的准备呢?创业需要大量知识的积累,不仅要有课本上的专业知识、企业的实践经验,还要有与人打交道、管理团队的知识。我们每个人都要静下心来想想,以后的这几年里路该怎么走、如何把自己打造得更强大。谁的年少不轻狂,有想法就去做吧,宁愿做错也不要错过!

教/师/点/评

做电商,供货商是一个关键问题。尤其对于刚刚走出校门的大学生来说,采购批量规模小又缺乏产品质量控制和管理的经验,在生产厂商面前没有任何谈判优势可言。潘绍斌和沈昀的创业经历把创业大学生与供货商的故事讲得很清楚,如何协调电商周期与生产周期之间的关系,如何预防产品出问题,如何消化多余的库存,如何安抚消费者因产品质量产生的不满心理,这些问题解决的过程,正是一个创业团队不断成长的过程,对大学生创业有着很好的启示和借鉴。

周 诚
卧薪尝胆寻机遇，厦门客栈做电商

文/图:宫 倩 周 星 袁 杰 韩安特
指导教师:肖 玮

创/业/者/名/片

周 诚 浙江大学宁波理工学院经贸学院电子商务专业 2011 届学生,在校期间以作品《杜桥眼镜生产基地——太阳镜电子商务项目策划》荣获全国高校首届"创意创新创业"电子商务挑战赛二等奖。毕业后他带领一个团队为某童装生产厂商开设本厂第一个电子商务部门进行网上销售,也为某生鲜商家在网上销售过产品,现经营一家名为柠檬草的电子商务民宿。

周诚(右)接受采访照

从太阳眼镜到柠檬草

"人在二十岁到三十岁的这段时间内,什么都可以去尝试,跌倒了可以再爬起,但是为了完成梦想,你必须沉下心去做每一件事。"周诚如是说。

采访在教学楼一个安静的办公室进行,周诚的亲切与随和让我们原有的忧虑与紧张感烟消云散。起初我们对他的了解仅限于他目前经营的柠檬草客栈,在采访中,更多柠檬草背后的故事涌现出来。

在学校时,他便借助电子商务大赛的载体进行项目的实际操作。当时他参赛的项目是太阳眼镜,并进行了实地调研和网站开发,但后期由于与行业协会没有对接好而搁浅了。电子商务大赛让周诚受益匪浅,同时电子商务专业引导创业实践的特殊性,让他在学校里就形成了自主创业的想法。

在大学的后期,电子商务正处于快速发展期,周诚逐渐意识到电子商务在未来商业活动中的优势,除了用户需求、习惯以及基础条件日益成熟以外,供应端的发展也异常迅速。周诚在大四时,经由老师介绍,进入童装和生鲜领域开展电子商务,但由于和厂家的对接出现分歧,他不得不放弃当时的工作。不过他认为在这两个领域继续发展电子商务仍有巨大的潜力。例如生鲜类由顺丰快递占领大部分的市场,他发现了其中的机遇,但心有余而力不足,无法带领自己的团队在市场中占有一席之地。

因为爱好旅游,周诚在一次旅行中发现了厦门曾厝垵村发展电商民宿的契机。他说:"在厦门曾厝垵村,我发现这里不管是客栈还是店铺都会挂牌一个淘宝店。他们主要的运营手段都是通过网络,例如通过一些主要的旅游网站,还有一些针对客栈民宿类的网站来做推广,再有一些宣传手段则是自己的微博、微信、淘宝等。我觉得这和电子商务专业的营销方法十分贴近,并且那时正是其发展的初期阶段,进入的门槛比较低。"于是他萌发了经营一家客栈的想法。

柠檬草客栈

以摄影为主题的柠檬草客栈

周诚经过深思熟虑,并在丽江、大理等地对比考察后,选择在曾厝垵开设了一家电商民宿。此时曾厝垵已有 300 余家客栈,并且周诚面临着缺乏人脉资源、经济后备薄弱等不利因素。即便如此,他依旧重视这个机遇。

柠檬草民宿客栈地处厦门美丽的文艺村曾厝垵,距海边约 100 米,步行仅需 2～3 分钟。在柠檬草可以避开城市的喧闹,享受恬静舒适。柠檬草有 12 间客房,客房视野开阔,风格各异,温馨浪漫,给客人无微不至的关怀。全欧式的装修风格,让客人体验欧式田园的民居。另外柠檬草有供客人休闲的庭院和露台,整个客栈都有无线网络覆盖,上网轻松便捷。柠檬草还有整洁的厨房,以及洗衣机供客人使用,无处不为客人着想,让客人有家一样的感觉。

"民宿客栈必定少不了装修。民宿一定不是简简单单做好装修就行了,在框架搭好后必须有血有肉。经常出去住民宿,就会发现凡是做得好的民宿客栈,都会有它的主题所在。这种主题不是房间的主题,是这个客栈民宿的主题。如果客栈主题是玩音乐,就会经常请一些小众的不太出名的乐队来做一些演出,国内的、国外的都有。"周诚还说在曾厝垵有很多客栈与柠檬草竞争,这是一个不小的压力:"必须突出其民宿吸引人的特殊性才能够有自己的立足之地。"

周诚将自己的柠檬草客栈主题设为摄影,他将自己的一部分照片挂在客栈里面,同时也和客人交换照片,因为客人都是四处走、四处停的人,手上都会有一些拍得很好的照片,跟客人交换来的照片,就会在客人住过的房间里用照片墙的形式展示出来,这样慢慢地整个客栈就充实着旅客行走的经历。周诚通过在游客入住期间与他们互相交换照片以增进感情、了解更多的旅游胜地,或者在游客的房间中摆上一些照片来增加房间的气氛、提升入住者的好感。柠檬草客栈设有公共厨房,客人可以自己做饭,另外洗衣机等设施都是可以自由使用的。大家可以一起坐在院子里聊天,晚上也可以放放电影。另外民宿客栈不同于酒店的地方就是自主性比较强,大家入住不仅方便旅游,还可以交到全国各地的朋友。

长此以往,在柠檬草逐渐形成了一个摄影爱好者的小圈子,这也促进了对柠檬草的宣传。

柠檬草客栈内部装修

如何做好服务性行业

"做服务业总是会遇到一些难缠的客人,对你的产品和服务会提出一些吹毛求疵的问题,遇到这样难缠的客人又该如何应对呢?"我们如是问。

"我一直都把自己定位在做服务业,遇到这些难缠的客人是在所难免的。因此我有这样一个标准:客人在我们店里产生任何的不开心、不愉快,不管责任在哪一方,走的时候,虽不能保证百分之百让客人完全消除情绪,但至少让客人带着一个相对比较好的心情离开旅店。"周诚解释道。在运营期间,会有一些客户,由于他们对民宿行业的认识不全,如民宿客栈不如宾馆设施齐全;如民宿会有备用毛巾,但需要顾客自行索要,所以在房间里一般是没有准备的,旅行者也可以自己携带洗漱用品等,会导致部分顾客因为计较这些细节而生气。对此他会有一些措施,比如向顾客赠送明信片、特色盖章本、客栈的小纪念品或是房费上的一些优惠,以此缓解客人的不满情绪。

他总结说:"像我们做客栈,包括做电子商务也一样,不管是卖产品也好,做服务也好,都涉及评价和口碑。有两种方式可以应对挑剔的客人,这两种方式是前期诱导型和后期补救型。前期诱导型,比如是大众点评网或是其他网站上过来的客户,进店时就送点小东西,或者是房价上的优惠,让客户在网上给好评。而后期补救型就是客人离开时所做的一些补救措施,因为客人一旦拿了你的东西以后,不管你的东西价值是多少,客人情绪和言语的不满立刻能得到缓解。"

周诚一直强调:"宣传一直是创业初期工作的重中之重。"他提到起初会在去哪儿网和艺龙网这两个网站进行宣传,也通过自己的微博和微信的公共主页做一些推广。客栈营业前期会做一些团购,通过团购的方法来吸引一些客人。事实上,团购带来的收入并不重要,其主要作用是获得点评,也就是后期的口碑,利用大众口碑的方式来做入住的体验。他在去哪儿网和艺龙网这两个网站是做常规的售卖,微博则会找一些已经做得比较成熟的客栈来做联动活动,也就是借着别人的知名度往上走,再有便是利用大众点评网的团购来吸引一部分客人。

不过周诚认为团购这种形式不能做长,"因为客栈有自己的定价和定位",在他看来团购做得时间长了,就会把你整体的品牌价值和你以后的客群和价格限定住,反而起到一种负面作用。如果一家客栈百分之九十以上都依靠团购客源的话,价格会始终提不上去。因为客栈有自己的定价,有淡旺季。而积累的客源都是习惯性去团购的,就是对价格敏感性很高的一部分人,如果经常做团购的话客群就固定在这个范围内了,不管他们再怎么推荐,他们身边的人也是同一类,对价格相当敏感,当价格一旦有所提升时就不会再选择你了。所以团购只是前期一小段时间的选择。

另一种宣传方式是做淘宝,但当时周诚没有时间和精力单独在淘宝上进行推广,他只是将民宿品牌挂在其他淘宝店名下。不过前两年,淘宝对民宿客栈的关注度较大。在淘宝每年都会有一个主推类目,会于年初的时候推出,恰巧今年主推的类目就是电子商务旅游,于是他在民宿这一块上做了一个重点推广。

对创业的看法

创业必须考虑成本的回收。周诚认为经营客栈不同于其他一些项目,它的成本回收会比较慢,当时的预测是在两年内回本。因为做客栈是有折损的,它不像餐饮服务一些行业，获取收益会非常快。餐饮和一些普通的服务业，大约在半年内回本，才会是一个成功的项目，至少起步是成功了。但客栈每天都有客人入住，那么它的一些基础设施，包括电器、日用品都会有损耗。因此基本上客栈在一年后就需要检修，并做局部的装修。而到了三年的时候就必须重新整修一遍，这样折损是非常高的，正是折损高的特点导致客栈回本慢。

另外客栈的房价并不是一成不变，而是随着节假日、淡旺季而改变的，在最初的一年里为了准确掌握好房价的变化时间，需要付出一定的代价。同时，一定要抓住政府政策扶持的机会，减轻自己创业的压力。

他说："上班跟自己创业不一样，动力也不一样。上班的时候是简单的。就以中层来说，他们拟定的一些计划、营销的方案以及各种方案的实施，都要经过其老总的审批。如果有些东西老总的观点跟你不契合，或者说他的想法不同，那么就会有一定的阻力，长久下去的话你就会觉得这个平台给你施展的空间很小，能力受到了限制。目前很多企业做电子商务都是传统企业转型过来的，其中很多人不懂电子商务专业知识。所以有时候你给老总的一些建议，他会用经营传统企业的观念来看你，你的建议就会遭到一定的阻挠。"

"创业就不是这样了，在创业中你的想法，或者你有一个创业团队，那么决策都是大家商量决定的。站在一个决策者的角度来讲，你的很多点子经过大家的讨论，你可以去实施，不论最后的结果是成功还是失败，你的想法都可以付诸实践，都落地了。对上班族来说这就是自主性的差别。"这也是创业对他而言所拥有的吸引力。

创业的困难及分析

创业是会遇到许多困难的。人脉资源对周诚来说就是创业的一大困难。"当时我去厦门，资源相对比宁波少，比如客栈涉及装修，而装修的行当水比较深，就需要一定的人脉资源作为扶持。"他分析道，不管怎么样创业都需要一些人和关系网来做扶持，客栈与政府和行业协会的交集比较小，一旦创业与政府和行业协会有交集就更需要人脉资源。初期的宣传也是一个难点，三百多家客栈，你要想在这个相对饱和的小市场里抢占他人的一部分份额，就需要强有力的宣传。周诚在开业的前一两个月完全在做宣传，铺天盖地地做推广。那个时候他不知道哪个网站的效果是什么样子的，只有经历了一段时间以后，才知道哪个网站每个月可能带来多少的客源，哪个网站可能推广的效果不好，那就把它舍弃掉。客栈在开设初期营销推广和宣传上要花很大的精力、人力、物力，前期要投入很多。

他说："在厦门做民宿是我一个人从零做起的，而不是一个团队或者几个合伙人，可以互相扶持，互相激励。团队合作时有困难大家一起想，责任大家一起扛；一个人就无法如此，有了问题只能靠自己，毕竟一个人的能力是有限的。当你走进了死胡同出不来，对自己的心情、状态都会有很大的影响。"在创业的初期，民宿装修的时候，一个人要监督装修的顺利进行，以防偷工减料，还要去市场比货、比价购买，任何一件事只能靠自己去做，很少能够得到外来的帮助。

对目前电商的分析及建议

谈到电子商务的现状，周诚认为，现在特别流行跨境电子商务，而宁波又是国家确定的跨境电商示范基地的试点城市，因此会有较大的机会。

他说："当初选择电商专业也许是阴差阳错，但至少现在我不后悔选择了这个专业。再往后，移动终端肯定会代替现有的电脑、笔记本等。"他刚上大学的时候，国内的电子商务还局限于单纯地卖东西。现在他觉得电商已经过了那个时代了，如果不是以第一、第二产业等自有产品来做电商，想做从别人那里进货来卖的淘宝品牌的行为已经受到了限制，也很难做。跨境电商是从前几年的代购慢慢演变来的，开始大家都以为代购是微不足道的，通过微信等平台就可以开展，却没想到会发展成为一个产业。这大概是因为国人对本国的部分产品出现诚信危机，因此信任度的建立会十分缓慢；在这种情况下，国人对国外产品会产生较高的信任度。

前几年国内牛奶、奶粉的危机，让母婴产品代购成为主流，由些可以看出，目前的电商更注重服务，发展服务性主导的电商，正是主流产业从狭义电商向广义电商的转型。现在电商已有完善的从线上到线下沟通的渠道，慢慢地，电商会成为一个与原有线下的产业、行业以及政府进行联系的营销方式，而不是孤零零的线上销售。

他认为，创业的时候要结合当地的地理环境、人文环境，要关注资源，尤其是老家、本地、身边的资源都要考虑在内。在大学里，要结合理论、自己的习惯和思考模式，这样在大二、大三的时候回过头来看周边的产业、行业，更容易挑选自己想做的。作为在校大学生，我们现在还有些迷茫，不知道自己要做什么，因为电商专业的书本理论和实际差很远，大学学习更多的是培养思维模式。当然，现在老师也很注重实际操作，会找一些企业提供实训。因此我们现在要先有这个概念，再有这个想法。

在整个大学学习过程中，接触事物的范围越广，就会了解到越多的东西，毕竟每一项东西都会培养一项能力，这之中你会发现你想做的事情。这些都是慢慢积累的，现在着急或者没有底气，完全没必要。慢慢来，任何事情都有一个过程，等到很久以后再回望这整个过程，又是不一样的感觉。当你经历过，问题就都能迎刃而解了。周诚还强调："大学团队创业，一定要注重团队协作，一个团队无论遇到什么困难，都要一起面对。"

从太阳眼镜到柠檬草，没有一项创业是轻而易举的。就像周诚说的："沉下心去做一件事。只有拥有敏锐的嗅觉、长远的眼光，找准方向，付诸实践，脚踏实地，持之以恒，才能让不可能变成可能，才能让梦想变为现实。"

采/访/后/记

我们通过对周诚的采访，更加了解了电子商务的发展，看到了电子商务旅游业的前景。电子商务是未来经济发展成长的趋势，而我们更应该用长远的眼光和年轻的热情去创造更强大的电子商务市场。

教/师/点/评

从浙江省大学生电子商务竞赛一等奖、全国高校首届"创意创新创业"电子商务挑战赛二等奖，到宁波童装电商、宁波生鲜电商的运营，再到厦门客栈的旅游电商创业，直至最近正在筹备的电子商务服务的创业，周诚一直在电子商务领域不断地尝试、不断地努力。为了追求年轻的梦想，沉下心去做每一件事，找准方向，付诸实践，脚踏实地，梦想终将变为现实。所有的经历让他觉得选择电子商务不后悔。

林　燕
学以致用欣创业，母婴产品成热销

文/图：邵哲伟　沈　璐　王林冰　陈　伟
指导教师：姜赤刚

创/业/者/名/片

林　燕　浙江大学宁波理工学院经贸学院电子商务专业 2014 届学生，毕业后和同学一起建立创业团队。现在在宁波市保税区为某电子商务有限公司做代运营。公司已经入驻天猫商城，主营免税进口母婴产品。

林燕生活照

创业初体验

那天我们在会议室等待忙碌的她回来接受采访。门一开，只见眼前站着一位身材高挑、绑着长马尾的美女。清澈明亮的大眼睛，长长的睫毛微微地颤动着，脸上带着一丝害羞的微笑，但却挡不住她带给我们的亲切随和的感觉。我们做了自我介绍，简单的交谈便使气氛变得相当融洽，随即我们展开了访谈。

林燕的家里是做小本生意的，她小小年纪就跑进跑出"帮忙又添乱"，也正是这个原因，她从小接触到了"买"和"卖"。林燕是个闲不住的人，"大学时间相对充裕,稍不注意就会养成懒散的习惯"。她决定提前感受社会。大一下学期,林燕把摆地摊当作创业的起点。可摆摊卖什么好?林燕左思右想之后,揣着200多元钱,到花卉市场批发了50多件小盆栽。于是这些盆栽就成为她的商品了。只要有人感兴趣围拢过来,她便会根据不同需求和喜好,热情地推荐起适合的盆栽,半个月下来,她净赚了1000多元钱。"看上去钱蛮好赚的,背后的辛苦一般人真体会不到的,以前哪受过这些苦?"林燕说,"但摆地摊的经历是我跨入社会的第一步,是我宝贵的人生财富。"

说到摆摊经历,林燕侃侃而谈:"放下面子是第一因素,没什么可觉得难为情的,脸皮有时候要厚一点。"开店创业必须知道创业的艰苦,必须有勇气战胜自己并迈出第一步,只有经历风雨才能见彩虹,假如连摆地摊都觉得难为情,就不要谈什么远大的志向了,所有想成功的想法都无法实现。"万事开头难,就怕肯钻研。"消极退缩的人强调前半句,他们吓唬自己"凡事都不容易,这件事更难";积极进取的人强调后半句,他们鼓励自己"难在开头,学会就能成"。很多事情的成功,并不需要多么高深的能力,关键是肯边学边做边琢磨,同样心态也很重要。

对于林燕来说,摆地摊不是最终目的,但却提高了林燕的综合能力,培养了她的市场眼光,它为她发展以后的事业、实现梦想奠定了坚实的基础。

逆风的方向更适合飞翔

鲁迅先生曾经说过:"我觉得坦途在前,人又何必因为一点小障碍而不走路呢?"是啊,如果一个人在遇到困难时,只会选择背过身去试图逃避,那样只会使困难加倍。相反地,如果面对它毫不退缩且勇往直前,困难便会迎刃而解。

在林燕做代运营期间,曾遇到过很多挫折,比如会面对顾客们的百般刁难。林燕的代运营要用到跨境购,它是这样一个系统:下单之后,通过这个系统海关会获取买家的身份证信息,然后在海关备案。但是由于有些账号没有实名认证过,海关无法获取,林燕就负责电话联系,让顾客提供身份证,然而客户会说:"为什么我买个尿不湿还要身份证,怎么这么麻烦?"林燕只能告诉客户:"如果你不相信我说的话,可以用旺旺联系我。"一些警惕性过高的顾客会以为她是在进行电话诈骗。经过林燕的耐心解释,有一些明白事理的顾客还是会理解她,并提供自己的身份证信息,而有些难缠的顾客就坚决不肯提供身份证信息,并说"我已经付了钱你必须给我发货"。面对这些难缠客户时,林燕用她的耐心为顾客讲解答疑,用她的责任心为顾客提供产品的质量保障,用她的坚持让顾客相信并最终购买她们的产品。

现在林燕代运营的 lasquare 海外专营店,店铺的服务态度、发货速度、描述相符都远高于同行,拥有极高的累计信用与收藏量,使得店铺在参加某活动时,一天就创造了 120 多万元的销售额,参加活动的商品往往在短短几分钟内就被抢购一空。好的销量不仅仅是因为林燕的苦心经营,还有她独到的眼光和敏锐的市场洞察能力。宁波的纸尿裤市场,种类主要是花王、大王和尤妮佳。林燕选做的是花王,因为花王是目前世界上最好的纸尿裤品牌之一,是日本的王牌纸尿裤,层面柔软、舒适,有小鼓包,吸水性很好,是日本花王品牌花费了长达 6 年时间研发的,没有任何一个厂家能模仿。

正确选择了创业项目,并能够成功解决创业过程中遇到的一个又一个困难之后,剩下的就是成功了。在取得成功之后,还应继续保持优良作风,不忘创业艰辛。一时的成功不是终点,需要的努力还有很多。只有做得到坚持,才能取得更大的收获,并在这些收获中锻炼自己。

单丝不成线,独木不成林

"单个人是软弱无力的,就像漂流的鲁滨孙一样,只有同别人在一起,才能完成很多事业。"集体协作干出的成果往往能超过成员个人业绩的总和,林燕的成功与团队自然是分不开的。在团队中与林燕配合最好的就数焦燃了。说到焦燃,她和林燕在大学不仅是同班同学,还是同寝室的室友。相处四年的她们,尽管平时生活中免不了有些小摩擦,也有意见分歧的时候,但两人的亲密关系却始终不减,让人羡慕。内敛的林燕,开朗的焦燃,性格截然相反的两人,像是命中注定般志同道合,两人间的默契更不用多说。

2013 年下半年宁波保税区某跨境电商企业与学校正好有一个合作项目,并给林燕和焦燃做了培训,她们也去实地考察过很多次。在 2014 年 4 月中旬,她们就正式去合作企业,开始着手做相关事情。由于之前企业的老总给她们培训过跨境购的模式,于是她们到企业后就直接接手了现在的天猫国际店铺。这个店铺的管理除了她们,还有另外三位合作伙伴,所以她们的团队现在共有五人。

"一滴水只有放进大海才永远不会干涸,一堆沙子只有和水泥、石子、水混合后才会坚韧,一个人只有当他把自己和集体事业融合在一起时才最有力量。"在团队策划活动时,每个人都有特定的任务,此时也是最考验团队默契的时候。像 2014 年 5 月 17 号的活动,她们一天的销售额就达到 120 多万,这就是团队合作的成果。

平台活动图

🌐 机遇敲门,如何抉择

"我自己当初的目的是要创业,而不是给别人做代运营。"林燕的想法是先学习一些与产品有关的知识,深入了解跨境购这个模式,然后积累一点经验和资金,为之后的创业做准备。2013 年年底,宁波与上海、重庆、杭州、郑州等一起被列入全国首批 5 个开展跨境贸易电子商务服务试点城市。宁波保税区是全国两个之一、浙江省唯一的开展跨境贸易电子商务进口业务试点的区域,搭建了一套与海关、国检等执法部门对接的跨境贸易电子商务服务信息系统,为进口电商企业缩短通关时间、降低物流成本、提升利润空间,并解决灰色通关问题,为海外中高端品牌进入中国市场提供一种全新的互联网模式,解决传统模式下海外品牌进入中国市场的诸多问题。

2014 年元旦,林燕主营的顾客口碑中"又好又便宜"的花王纸尿裤通过宁波保税区的跨境贸易平台开卖。有人比较了一下,它比普通网购要便宜二三十元。有很多网友上网查看后喊着"确实比超市便宜""比母婴店便宜""比淘宝便宜",然后迅速下单。林燕告诉我们:"跨境购是一个新的电子商务的发展趋势。它缩短了到货时间，像如果去韩国代购化妆品什么的，最起码要20天左右才能到货，拿到的也不一定是正品。而这边的产品是要经过海关检测的，货到了一个集装箱后要抽取一部分进行国检和商检，合格之后才能入库，然后销售出去。此外，进货是免税的，像一般的国际贸易都是要交税的，成本较高，所以在价格方面他们也比别人有优势。"

团队合照

　　人生需要做出太多的抉择。创业只是其中一个。当选择走创业这条路的时候，就意味着要放弃其他选项，比如就业、读研，等等。就像微观经济学课本中讲到的"机会成本"：在选择某一件事情的同时就要放弃在其他领域的最大机会。每一个决定都意味着有得有失，上帝在为你关闭一扇窗的同时定会为你打开另一扇窗。既然选择了创业，便只有利用机遇。"弱者等待机遇，强者把握机遇，智者创造机遇。"林燕既是强者也是智者，她正在为她的下一个目标——自主创业做最完善的计划和最充足的准备。

　　创业是人生的一种状态与过程，是张扬个性展现自我价值的状态，是将梦想变成现实的过程。越是艰难的创业，越有值得珍藏的人生阅历和财富。面对创业，选择最熟悉的行业和最信任的伙伴才能事半功倍。人生就像一次长途旅行，为了到达终点，总要在不同地点换乘不同的车，即使这辆车再舒服，再让人流连忘返,但路径不同,到站了还是要毫不犹豫地下车。打工时遇到困难你可以选择绕道走,而创业时遇到困难必须迎难而上,因为你就是主角,你掌握着全局。创业前,很多困难你都不以为意,但有一天当它突然成为你的困难时,很多人就会因为承受不了压力而放弃,这样的人是注定不能成功的。相反,只要你拥有创业者坚持的信念,跟随成功团队、成功人士的脚印走下去,就会实现自身价值,获得尊严,为自己赢得未来。

采/访/后/记

在整个采访过程中,通过和林燕的接触,以及了解她的事迹,她身上那平易近人、积极向上、坚持不懈的人生态度让我们感动。我们发现了很多值得学习的东西。她强调了 Photoshop 和美工设计方面的重要性,以及在日后工作中的应用。大学期间刻苦的学习为她日后事业的腾飞奠定了坚实的基础,这应当是母校给她提供的最宝贵的财富了。

教/师/点/评

林燕创业之路的起步与很多创业者相似,是从上学期间的小商品摆摊销售开始的。成本虽小,学到的东西却不少。采购、物流、销售事事都要亲力亲为,同时还要揣摩消费者的喜好,钻研销售方式,想方设法提高销量。这段经历磨砺了林燕的心智,为她打开了一扇通向更广阔天地的大门。之后,林燕稳扎稳打,克服重重困难,瞄准跨境购这一方兴未艾的领域,通过代运营积累相应的经验,以便在创业之路上能走得更远。林燕对梦想孜孜不倦的追求激励着和她具有同样背景的初期创业者不断朝着自己的目标奋进。

第三篇

坚守：实现创业梦

黄鹏凯
海纳生活点滴，奋勇登高一览

文/图:卢　灏　李昱廷　楼浩嘉　庞杨杰
指导教师:张　炯

创/业/者/名/片

　　黄鹏凯　浙江大学宁波理工学院经贸学院电子商务专业 2010 届毕业生,凯睿电子商务有限公司的企业法人。凯睿电商成立于 2012 年,经营范围相当广泛:产品推广、无线淘宝、天猫运营、招商引资、移动电商、全球速递,等等。目前公司已有员工 8 人,年销售额达到 800 万元左右。

黄鹏凯生活照

🌐 三年厚积，初见其翼

　　初入大学校门,黄鹏凯就能在他人迷茫之时,看清自己的方向,瞄准自己的未来,他明白自己在大学应该做什么、怎么做。"我知道自己不可能考研或者进入一些好点的事业单位,所以想要成功,只能靠自己创业。"因为很早就设定了自己的目标,大学四年里,黄鹏凯的经历是非常充实的。

　　大一,他学习了整个电子商务课程体系中大多数的内容。他的秘诀是,课余时间充分利用。他在图书馆、网络上汲取了大量的专业知识和许多有关金融、创业的时事政策信息，为接下来的创业打下了可靠的基础。我们很难相信这是一个大一新生的日常学习生活，这反而更像是一些高年级的前辈们会做的，但是他就是这么去做了，他显得那么卓尔不凡。从大一开始，他就与其他人拉开了差距。

大二，他除了学习专业知识、了解时事政策，还多了一项新的活动，那就是逛淘宝。虽然我们很多人也喜欢逛淘宝，但是逛淘宝不仅仅只有方便买东西这一作用。黄鹏凯是从淘宝入手，更加深入地了解行业。只要有空闲时间，他都会去上面看看，获取潜在的商机和热门商品的信息。不知不觉中，他的淘宝买家信用达到了四个皇冠！这简直令人难以置信，可见他倾心于此且不曾放弃。因此，他的知识面变得更加宽广，对出现的新商机拥有敏锐的嗅觉。

大三，是电子商务专业的主要实习阶段。黄鹏凯自此开始了学习创业政策的道路。他除了继续大一、大二做的有价值的事之外，还开始去一些附近的企业仔细观察他们的运营模式，了解各种客户的不同需要。

他告诉我们，他在大学中没有参加任何的社团。他说："相比学校的社团，我更加倾向于直接参与社会性的工作，加强实践。"所以，他的动手能力远远超过其他同学，这为他成功创业打下了坚实的基础。

黄鹏凯的父母都是个体户，他们的经验为他省去了很多弯路。"家里人挺支持我创业的，也给了我不小的帮助和信心，要是连他们都不支持我，我可能就坚持不下去，失败了。"即便有父母可以依赖，更多的也只是精神支持，黄鹏凯凭自己的努力，成功创业。

2012年下半年，黄鹏凯才大三，宁波市鄞州凯睿电子商务有限公司即正式成立了。随后企业迅速成长，为黄鹏凯赢得了一笔又一笔能让公司继续发展壮大的资金。看着自己的公司渐入正轨，黄鹏凯发自内心地笑了。

好汉三帮，进军团购

企业创建之初，作为一个中间商，凯睿公司专门给一些大的团购网像美团网、大众点评网等供货。但是一开始公司就遇到了最大的困难——资金。

资金问题一直是困扰大部分创业者的难题，黄鹏凯也不例外。他的父母在这方面只给予了他少许的帮助，因为他们认为锻炼孩子很重要，在这方面得靠他自己。而后来，黄鹏凯凭自己的努力争取到了学校的5万元创业贷款，解了燃眉之急。

刚开始创业的时候，黄鹏凯只有一个同校的合作伙伴，他们两人互相照应，一步一步从零做起，为成立公司打下了坚实的基础。后来黄鹏凯在社会上又结交了一个他的"学长"，三个人齐心协力，共同经营起了凯睿公司。在对他创业有过帮助的人中，黄鹏凯印象最深刻的是本专业的董新平老师，在他的搭桥牵线下，黄鹏凯接触了许多大的厂商和团购网，为以后的业务往来建立了很好的基础。他获得的其他帮助还包括一些学长对他的建议，以及以前他在进行社会兼职时认识的人得知他创业后也给予他许多关心和帮助，先前建立的人脉关系的作用在这一刻充分体现了出来。创业过程中因为太年轻也不免错失一些机遇。"开始的时候有一个风投公司想对我进行投资，我想了想，以为是骗子，结果错失了这个大好机会，现在想想还是有点后悔的。"他说。

"刚开始工作的时候，人手不怎么够，每件事情我基本都是亲力亲为。有时候，发货需要很久，从下午要发到晚上，然后一群人聚在一起吃快餐，那段时光现在想起来还是很有意思的，那也是人生中的一笔宝贵财富吧。"

在度过创业之初最艰难的资金缺乏期后，公司终于开始正常获利，黄鹏凯终于获得创业的第一桶金。"那个时候一天的纯利润是 5000 元，最好的时候一天可以赚一万元。我们当时都兴奋极了，以往的辛苦工作，现在终于获得了回报。"黄鹏凯激动地说。公司渐渐步入正轨，也是黄鹏凯创业路成功的第一步。

凯睿电商，鹰击长空

2012 年 11 月 6 日，宁波市鄞州凯睿电子商务有限公司正式成立，相信这是黄鹏凯最激动的一天，也是此生中最难忘的一天了。拿到第一桶金的黄鹏凯也度过了创业初期最困难的时段，有了资金保证，公司渐渐获得越来越多的盈利。

"依托于互联网和各大电商平台的崛起，致力于打造最优质的网购供货商、代理商"——这是凯睿公司的宗旨，也是凯睿公司的目标。黄鹏凯在创业前积累的社会人际关系也非常重要，让他能够为自己公司争取到各个厂商以及团购类网站与自己合作。作为一个中间商，凯睿公司与供货厂商合作，产品类别包括衣食住行，规模也比较大。黄鹏凯与我们交谈时难以掩饰小小的开心与自豪感，说目前凯睿公司已有合作和正在合作的全国厂家已达三四十家。

凯睿电商的经营范围

有这么多合作的厂家,货源就有了可靠的保障;有这么多可供选择的厂家,加上这几年黄鹏凯的经验,货物就可以挑选出质量最好、最优的。

有了众多的合作厂家,作为一个中间商,黄鹏凯还要想着把这些货卖给谁。这难不倒黄鹏凯,他早已联系好各家购物平台。难以相信,与他合作的购物平台竟然是各个知名网站,如360、百度等,他还与团购网站的品质团、麦兜团、满座团等展开渠道合作,将优质货源分流供应给此类购物平台。凯睿这样的中间商自己不吃货,不发货,所以最重要的是得把持好上游产业,最关键的还是产品。黄鹏凯也说过,找准好的产品就成功70%了。而如何找准靠的是黄鹏凯敏锐的市场嗅觉和对时下潮流的判断。渐渐地,凯睿的招商经理也就成了产品经理,这几年与其他厂商及知名网站的合作结交了一批优质客户,有些团购网站的招商部甚至直接把产品招商外包给凯睿。

很多人也许不明白,为什么传统厂商不跳过像凯睿这样的中间商直接进行交易销售呢?黄鹏凯也做出分析,说可能是时间问题和有些厂商对团购业务的渠道还未拓展,或者说他们还在走自己的线下批发模式。"我们公司既解决了厂商的分销问题,也满足了电商网站的货源需求,更为网购客户提供了优质又有保障的好产品,"黄鹏凯开玩笑地对我们说,"所以说,凯睿公司又叫雷锋公司。"他的幽默引得我们哈哈大笑。

年轻是最具优势的资本

"不经历风雨怎么见彩虹，没有人能随随便便成功。"正如这首歌所唱的，黄鹏凯的成功创业与他的努力是分不开的。

初入大学，黄鹏凯就已经瞄准自己的未来。虽然考试成绩在专业里不算优秀，但是他依然是毕业生中的佼佼者。

现在的男孩子很少有不玩电脑游戏的，到了大学，更是为一部分同学提供了一个玩游戏的"平台"，同学们或多或少都玩过游戏。所以当黄鹏凯说出"我大学四年没有玩过游戏"这句话时，语气相当淡定，而听到这句话的我们，当时都面面相觑，无奈地笑了笑，感觉到了自己与黄鹏凯的差距就是这么体

黄鹏凯在研究产品目录

现出来的。当大部分人还在玩游戏、谈恋爱的时候，黄鹏凯正在为他的创业路铺石子；当大部分人毕业了为找不到工作而苦恼的时候，黄鹏凯的公司已是蒸蒸日上，大把获利了。真的很难相信，有这么大成就的他，竟然还只是2014年刚走出校门的毕业生。

公司刚起步的时候，是黄鹏凯最努力、最累的时候。当时，公司员工很少，几乎所有事都要自己一个人去完成。白天忙了一整天，晚上还要结款和做工作总结，直到深夜一两点。努力总是有回报的，这样才有了现在的凯睿公司。但是现在的黄鹏凯依然还是这么努力在打拼，杂碎小事做得少了，更多的是出差、联系其他厂商、组织管理企业。

黄鹏凯说的一句话令我们难以忘记：年轻是唯一的资本！是的，趁着年轻他闯出了属于自己的一片天。

知人善任，抓住重点

黄鹏凯告诉我们，想要经营好一个公司，看人很重要。我们也曾问过："如果您的公司要招收员工，您更看重员工的哪一方面，是技术，还是性格？"他立马坚定地告诉我们："当然是性格、态度了。"无论是工作态度还是学习态度都是很重要的，需要做事踏实、虚心。他还说："经营一个企业也是如此，看人很重要，你需要了解你企业中的核心人物，多与他们沟通交流。有时候一个人的失误，对企业造成的打击可能就是毁灭性的。"我们调侃道："那当初选择与你一起开始创业的那几个人，肯定都是人才咯。"黄鹏凯说："那当然。"

我们问道："学长，那你们与传统企业相比，优势是什么呢？"

"由于我们企业规模不大，所以遇到的一些事情，很快能够反映到我这里。相比传统企业来说，我们遇到事情的反应更快，执行力更强。"

"那你们具体又怎样突出自己，与别的企业去竞争客户呢？"

学长笑了笑说道："这倒也不用刻意去竞争啦，只要抓住自己的重点客户就可以了，多与重点客户做沟通，让他们了解我们企业的优势，当与他们签订合同后，就 OK 了。"

黄鹏凯还告诉我们，在创业之初，首先要明确自己的目标，知道自己要做什么，集中精力做该做的事。选对一个方向往往比努力更重要，一旦方向错了，很有可能再多的努力也只能付诸东流。其次一定要抓住重点，要想的不是卖什么，而是有什么可卖，去附近的厂商看一下工厂和样品，了解他们如何运营，如何将他们的货源供给各种客户，考虑对自己来说身边有什么具有优势的东西可以卖，寻找身边有竞争优势的东西卖。因为如果只想着要卖什么东西，市场中有那么多厂家，肯定会有比自己好的，这样是很难成功的。在创业之初，可以先从自己身边的亲戚朋友做起，将推广成本降到最低，然后他们也会给你一些建议，带来一些客户，当稳定下来之后，可以尝试更深的推广。

总结当下，展望未来

黄鹏凯与我们分享了他对于当下电子商务行业的看法，他认为电子商务行业正处于一个爬坡期，还有很长的路要走。他还告诉我们，随着电子商务行

凯睿的办公环境

业的发展，越来越多的实体店开始转型做线上，就拿义乌小商品市场来说，义乌政府与当地企业、商户协商合作，推出了"义乌购"在线商贸平台，不难看出，实体店的网络化是大势所趋。

根据实际情况与客观环境，黄鹏凯对他的企业也做出了未来的规划。他告诉我们，他希望在未来一段时间内，不是将企业做得很大，而是将企业做"精"，员工50～100人足矣；同时希望可以成功地将企业转型，从代购代销转型为外贸或者跨境电子商务，最好还可以开一家分公司。

在采访过程中，黄鹏凯曾经不止一次跟我们提到，他希望能有一个人来代替他经营管理公司，让他自己可以跳出去，去做更多别的事情。从中不难看出，黄鹏凯是一个具有强烈上进心和冒险精神的人，他渴望去尝试新的事物，去发现新的商机。我们想，当初他能够创业成功，与他这种敢打敢拼的性格也是密不可分的，只有敢于尝试，才可能有所收获。

黄鹏凯也给了我们一些建议，如果打算在大学期间创业，大三、大四开始尝试比较好，大一、大二还是应当以学习为主。他告诉我们，在进入一个行业之前，应该先找一家该行业的企业，从客服做起。客服是进入一个行业必须经历的过程，只有这样，才能了解到该行业的产品，知道自己的客户真正需要什么东西。

我们问："学长，你认为你创业成功的诀窍是什么呢？"黄鹏凯告诉我们："要有耐心，肯花时间，了解自己所从事的行业，多与该行业中的人们交流，他们能给你带来很多启发。另外，并不是每个人都适合创业的，想要成功创业，需要有优秀的组织能力，能够和不同的人交流。那些喜欢自己单枪匹马、不被身边人所看好的，最好先进公司实习一下。"

与黄鹏凯学长的一番沟通，让我们感觉收获颇多，最后与大家分享学长告诉我们的一句话："雄鹰终将翱翔于蓝天之上。"相信终有一天我们也能展开翅膀，拥有自己的一片蓝天。

采/访/后/记

这次采访，黄鹏凯学长的创业经历和他对我们的一些建议以及他说的几句经典话语，深深地印在我们的心里，激励着我们，为还在大一迷茫阶段的我们指引明路。从采访中可以感觉出，学长温和、平易近人，对于我们的提问，学长耐心解答、面面俱到、真诚恳切。有时话题被他发散开来，相信这也是他眼界宽阔的表现，更体现出他诲人不倦的精神。学长送给我们的寄语，我们一定会牢记心间，运用于生活。学长树立起的榜样，为我们增添了无尽信心，激励我们前行。

教/师/点/评

黄鹏凯在同届毕业的大学生里是创业的佼佼者。虽然刚刚走出校门，但是公司已经取得了不错的业绩。与同龄人比较，他具有敏锐的商业嗅觉，也愿意脚踏实地。他的商业模式是成功的，供应商和团购网（或其他平台商）之间的招商中介、产品中介是一个新兴的领域，这个领域风险比较小，资金压力也不会太大。在他创业之前，也有成功的案例可循，比较容易开展起来，这是一种比较适合大学生创业的模式，比开淘宝店、天猫店的成功率要高。现在，黄鹏凯把目标瞄准跨境电商也是及时的，这表明他在顺应商业规律，在把握创业时机方面具有天赋，他的经历很值得借鉴。

杨一洲
坚持平凡创业路，"杯具"中创造喜剧

文/图：郑梦瑶　郑碧莹　卢　峰　杨炳泓
指导教师：张　炯

创/业/者/名/片

　　杨一洲　浙江大学宁波理工学院经贸学院电子商务专业 2013 届毕业生，宁波鄞州片刻电子商务有限公司总经理。企业的商业模式主要包括团购、网购、物流等线上经营项目。领导团队人数为 8 人，员工人数 8～15 人。目前经营规模不断扩大，年销售额在 500 万元左右。企业文化围绕客户第一、品质至上、团队合作、创业创新这四大宗旨开展。

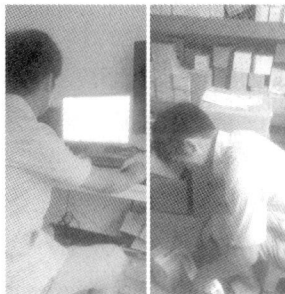

杨一洲工作照

一路荆棘，一路收获

　　"我从来不是个安分的人，凡事都想试试看。"杨一洲说。

　　成功并不是一蹴而就的，杨一洲直言在成功创业之前他经历过很多的磨炼与磕碰。他从大一时起便和室友开始做起了兼职，生活费都是自己解决，不再需要向家里要钱。问及为什么这么积极地去做兼职，他回答："一方面，凡事都想靠自己的双手去试一试；另一方面，感觉自己已经成年了，有能力养活自己，就去找兼职。"

他回忆当时去天一国购的必胜客兼职的经历:由于全职工的工作时间被限定,凌晨时段看店便是他的主要任务,需要晚上十点就开始工作,第二天早上八点才能结束。期间就是打扫卫生,什么脏活累活都要干,学生兼职更是处处受到排挤欺负,常常早上回来后倒头便睡。他甚至还开玩笑说:"做兼职与全职相比,简直就像是后妈养的。"除了看店,平时周末的班,是早上六七点就要坐车赶到。工资仅为每小时 7.2 元,即使是这种艰难又不合理的条件,杨一洲依然咬牙坚持了一个学期,他的毅力可见一斑。

大二,他利用专业知识开始做与电商有关的兼职:帮助某品牌实体店老板运营网店,将线下的商品搬到线上去销售。工资依旧微薄,每月 700 元。可这份工作并没有想象中那么简单和轻松,"当时的老板对网店销售状况完全不了解"。杨一洲再次回忆这段经历仍有些许无奈。原来老板以为只需提供照片,订单就能轻而易举地得到,却不知道网店的前期工作并不好做,推广所要花费的精力和财力可能比线下销售还要多。不仅如此,线上交易要处理的售后问题是难以估计的,工作量相当之大。老板不愿投入必要的前期推广成本,却渴望高回报,这使得杨一洲的工作一度停滞,难以开展。"从那个时候开始,我越发想要做自己的老板,创业这条路在我心里更加坚定了。"正是这些不那么圆满的兼职生活让他学会了坚持的重要性,让他如今拥有可以笑谈"trouble is a friend"的良好心态,更让"创业"这个还只是雏形的梦想在他心里开始萌芽,并为日后不断茁壮成长打下了基础。

勇敢的步伐——创业初体验

最终,放下忙忙碌碌的兼职生活,他开始走向虽然陌生,但充满期待的创业道路。

"口袋里没几个钱,只是想要玩一玩。"当问到什么时候开始创业时,杨一洲笑笑,坦言当时只是在玩。大二下学期,他选择做淘宝手机充值等虚拟买卖试水,以为可以累积到更多的店铺信用。做了几个月后,他才意识到虚拟信用对于店铺实物销售根本没有任何帮助,相反,虚拟的信用高了反而影响到实物的出售。"当时真的很心酸,几个月的努力都白费了,只能重新开始摸索。"他讲这番话时,我们好像也能感受到他当时的苦涩。

之后,他重新开了店铺进行实物经营,选择了当时占淘宝比重最大的服装类目。服装行业是相当复杂的,衣服的类别、样式、尺码很多,更要考虑消费者的喜好与当下流行的趋势,对于还是大二学生的杨一洲而言,精力与经验不足,无暇顾及太多,只好直接找代销平台进货。起初店铺沉寂了好长一段时间,直到他偶然参加了蘑菇街的一个推广活动,店铺的销售量才有了起色,由最初的一天寥寥几单到一天几十单。"那时我只要听到旺旺里'叮咚'一声,就会觉得超级兴奋!"回忆创业初期的自己,杨一洲觉得尽管青涩,却充满了斗志与热情。

可惜好景不长,淘宝毕竟是一个已经十分成熟的平台,拥有上百万家店铺,要想从这么多店铺中脱颖而出,难度可想而知,只有自己另辟蹊径才有成功的可能。一批低成本劣质毛衣的上架销售又一次让杨一洲的创业之路偏离了轨道,虽然在短时间内赚取了较高的利润,但店铺信誉也因此受到了严重的打击,到最后不得不又一次关店。这第二次关闭店铺的经历也让沉醉于丰厚利润中的杨一洲幡然醒悟,认识到想要成功靠投机取巧是不可能的,只有依靠长远的眼光和脚踏实地的行动才能有所获得。

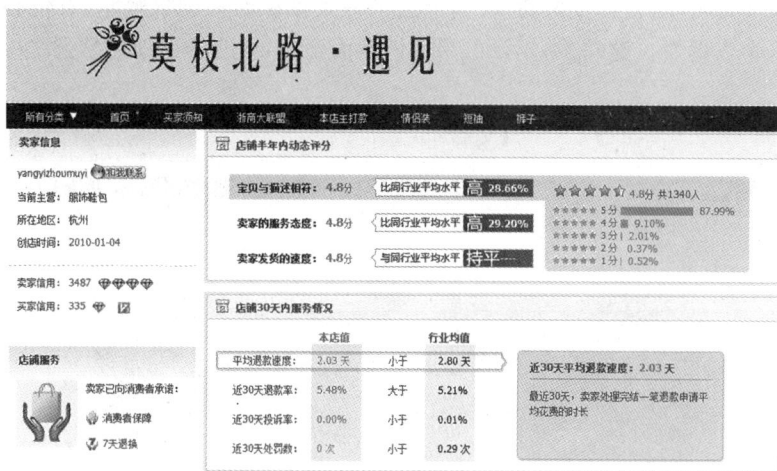

初创业时淘宝店铺截图

🌐 无心插柳柳成荫,迟来的第一桶金

在大三的冬天,通过出售深受买家青睐的保温杯和陶瓷杯,借着季节的优势大力度地推广店里的冬季产品,杨一洲终于迎来了他等待许久的第一桶金。冬天还来不及过去,店里的杯子销量已经突破了 5000 个,毛利润保守估计在

六七万元左右。这件事也在学校里闹腾了一阵子,用杨一洲一句略带幽默的形容就是:"快递员都认识我了。"

问及选择杯子的原因,平时认真观察生活的杨一洲称,当时天气刚开始转凉,人们对杯子的需求只增不减,市面上具有不同功效的杯子五花八门,那时有几款"明星产品"正开始流行,引起了他的极大兴趣。于是他首先订购了一个淘宝数据魔方,数据魔方即向用户提供不同类别产品的最流行搜索条目,用户注册后可以看到产品平均售价、最成功的商品介绍关键词等信息的工具。他从中发现了一些比较好推广、推广成本也较低的不同种类的杯子,并从那时开始做起了星巴克陶瓷杯的买卖。"在杯子销量上去后,正好气温降得更快了,我就转向了利润空间更大的保温杯。"据他透露,冬季可以算是杯子"旺季",杯子的销量基本上会比春夏秋季高,其中保温杯最受欢迎,再加上它的利润较丰厚,很容易做出成果来。因此他赶紧通过阿里巴巴寻觅厂商,进了一批保温杯样品。通过不断比价、比质,他选择了最优商品,宝贝上架试验后,发现商品的浏览量非常可观,他深受鼓舞,便马上进了一大批保温杯囤放寝室,有信心在推广后来个大爆发。这一次,丰硕的果实悄然而至,结局终于在他的掌握之中。

产品图片展示

有时候,意外来临更能够刺激销售,带来新的高潮。大三寒假时,因快过年的缘故,快递陆陆续续停止了工作。所以春节期间杨一洲的店铺只接受杯子的预购,在快递启动后才会陆续开始发货。而那时2月14日情人节将至,情侣杯的大热是不可多得的商机,订单数更是无法抑制地持续增长,这让杨一洲一度陷入既欣喜又紧张的矛盾心情中，因为供货商的杯子迟迟未到，而自己也已承诺了买家情人节当天能准时顺利地收到商品。直到2月12号，随着新学期的开始，杯子终于被送到学校。

收到杯子后，杨一洲马不停蹄地开始打包，由于当时起步不久，为了尽量节省成本，打包没有使用泡沫，但又必须保证商品在运输途中不易破损，这让打包工作更添难度。并且学校里合作的快递是韵达快递，所以先前他在家中抄写的所有圆通订单全都白费，足足几百订单，要在最短的时间内重新抄好、及时打包并交给快递发货。"我赶紧找了一个平时关系比较好的朋友，两个人熬到了天亮，通宵完成了艰巨的填单打包任务，真的快要累趴下了。"他每次想起来都感叹真是"心有余悸"。值得庆幸和欣慰的是，最后大部分杯子都顺利在2月14日之前到达买家手中，店铺的信用不降反增，那次意外也算是有惊无险。讲到这里，杨一洲笑着摇摇头说："当时怎么没想到买个打印机而是手抄三百多张订单呢？哈哈！还是头脑太简单呀！"

爱情之花悄然绽放，糊涂中尽是精明

"毕业分手季，我们却在一起了。"

在宁波理工学院的四年一晃过去，常常有人说毕业季就是分手季，而杨一洲却羞涩地告诉我们，在离别的夏天，他与同级电商专业、心仪许久的女生在一起了。女生放弃了某电商企业不错的职务，这对特别的情侣档在临安开始了轻松甜蜜的共同创业生活。

两人不仅是精神伴侣，更是合作伙伴。他们共同运营两家网店，一人把握一家店铺的重心，但总体分工明确，经验丰富并拥有独到眼光的杨一洲主要负责产品的筛选、进货商的联系与上架，细心的女友主要负责美工、店铺装修、客服及售后服务等更加烦琐的工作。尽管相处十分融洽，但不同个性的人总有意见相左的时候，也免不了各执己见、偶有争吵。但他说，这时候只要两个人静下心来好好谈一谈，分析对方的意见，理性地进行选择和结合，不论有多少焦头烂额的问题，因为彼此的信任，都能够迎刃而解。在互相依靠、互相鼓励的前行过程中，他们俩彼此的感情也更深了。

当被问到是否想过找一个稳定的工作，杨一洲坦言毕业到现在都没考虑过就业，也表示不曾经历真正的职场生活是个遗憾。"父母对电商了解甚少，但也看到我做出了一点成绩，一直以来都是持支持和尊重的态度。"他告诉我

杨一洲与女友

们,自己是个幸运的孩子,家里的压力几乎没有,从小到大父母都愿意倾听儿子的意见和想法,对于创业这个儿子坚持的梦想,他们无条件理解与鼓励。

无论在生活中还是工作中,杨一洲自称是个低调的人。在生活中,他性格较为内敛与沉稳,大学期间更是个十足宅男。在工作中,杨一洲也保持着一颗平常心,他并不心浮气躁,而是理性面对。当我们不好意思地问及销量盈利时,杨一洲坦言自己虽然"糊涂",但如今也有了透过销量估计总体盈利状况的能力。

"这个主要是看淡季旺季,我这个人活得比较糊涂,不太精于算那种东西。到最后,也不知道具体成本投下去多少,自己赚了多少。因为淘宝要算算也挺麻烦的,比如说要算毛利润吧,也要看退款,只有每一笔都记下来,心里才清楚。例如一些产品卖出去,要知道快递费用(包邮的或是我给消费者承担费用的)、包装、整个产品的成本、快递运输过程中破损的赔偿,以及售后的情况。另外,前期的推广,可能你的产品点一下就需要一两元钱,或者消费者可能是从淘宝进来的,淘宝的佣金也要去掉,所以,综合成本有太多的东西要算,然后就不想花大力气去算了。但是一来二去,经验多了,每笔能赚多少其实我心里都很有数。"

杨一洲的创业之道,尽能凸显出他的精明之处:他认为对于前期,一定要有自己的规划,一开始若没有计划,看不到目标,会造成事倍功半的结果。比如计划今天上几个产品,明天去进行推广,预先要估算一下成本和利润,是赚是亏,如果在直通车上推广能够赚钱,那么说明后面一定是稳赚的。有了规划后,就可以利用现有的工具,如数据魔方,按自己的要求去搜关键词,例如想搜杯子,那么就先输入"杯子"这个大词,这中间会跳出许多的小词,例如柠檬杯、冰沙杯,数据魔方会显示他们的每天点击率、展现率、转化率。综合权衡利弊,才能选择最佳产品来进行销售。

寻觅一个支点,撬起未来

对于未来的期待,杨一洲表示他想拥有自己的、具有独一无二个性与特色的优质品牌,包括产品的自主设计与图片拍摄,将自己的产品做得更专业化、高端化。他相信积累每一笔经验和教训,坚持不懈,实现目标指日可待。

除此之外,杨一洲也一直有一个设想:要策划做一个配送中心。它的概念就是:现在有很多人都想做淘宝,但他们都只是零零散散的小淘宝商户,杨一洲想打造一个配送中心,把这些小淘宝商户集中起来,将众多小淘宝商户的货直接发到这个配送中心,配送中心提供库存及发货给顾客的服务。小淘宝商户在面对快递公司和厂家时是没有议价能力的,快递费用平均下来走全国需要7~8元;但交给配送中心统一打包后,再由中心出面去和快递议价,走全国平均可能只需要5~6元,配送中心赚取中间的差价,和小淘宝商户实现双赢。但是,在这个想法中,杨一洲也提到了几个实施上的困难:首先,要让小淘宝商户认为配送中心值得信任,所以这个配送中心必须具有一定的影响力与知名度;其次,身为一个小淘宝商户,他们自己完全有时间和能力打包发货,没有必要将这部分交给配送中心而增加不便。尽管如今这个想法还带有理想色彩,他仍旧希望有朝一日能够不断完善它以便实现。

对于电商的前景,杨一洲有着自己独特的见解。他认为,淘宝的经营模式并不会永久持续下去,虽然现在发展得火热,但也不排除会走下坡路。随着经济的发展,将来可能会按照"天猫"的模式进行,即垂直模式,厂家会直接找到消费者,进行厂家直销,例如现在的天猫就必须有线下厂家。那么像淘宝这样的第三方则会逐渐失去优势。此外,杨一洲建议我们应该尝试现在还未大热的"速卖通",他认为这个平台具有非常光明的前景,一开始就讲究专业化,快速取得较高盈利是非常有希望的。

杨一洲认为抓住细节与每一组数据所蕴含的未来商机是获得成功的关键。一直以来他对店铺小到图片大小、颜色搭配,大到每月、每季度的销售量增减幅度及产品流行度导向都是十分关注的。而对于盈利和金钱,他当然是充满了向往,却持着不强求的心态。他不愿执着于现在可以赚多少,而是要拥有未来可以赚多久的敏锐眼光和洞察力。他还强调,除了对市场需求的敏锐感知以及长远的规划和目标外,创业最重要的是坚持、不轻易松懈和放弃。

采访者与杨一洲(左二)的合影留念

采/访/后/记

　　三个小时后,此次短暂却珍贵的采访交流结束了,临安依旧下着淅沥的小雨。与来时的紧张彷徨相比,我们带走的是更多关于创业、关于未来、关于梦想沉甸甸的思考。正如杨一洲所言,每一天都有人开始创业,每一天却也有人迎接失败,真正能够成功的总是寥寥无几。尝试创业的是勇敢者,能耐得住寂寞、坚持至终的才能称为成功者。对他来说,过去经历过很多失败,未来更无法避免挫折,那么无惧坎坷、迎难而上才是硬道理。如果觉得辛苦,那是因为在走上坡路,杨一洲相信,在不断攀登的路途上,步伐愈发坚定,梦想的顶峰也会愈发触手可及。

　　对我们而言,即便杨一洲谈起坎坷来总是云淡风轻,却让我们更加懂得创业的艰难与不易,对未来更加充满设想与憧憬。经过这次采访,我们深深被他追梦的信念所打动。不论成败,他的这些宝贵的经验将成为我们来之不易的财富。无畏失败,不言放弃;心怀梦想,时刻坚定。愿每一个不懈努力的追梦人,都有灿烂未来。

　　杨一洲同学的创业是一步一个脚印走过来的典型。通过一次次失败,不断总结淘宝开店的良方,企业逐渐走上正轨。这样的商业模式虽然没有什么奇特之处,财富也是慢慢增长,然而却体现了创业者的专注、坚持。杨一洲对企业未来的展望是非常好的,想到投入到电商配套产业中去。他的想法其实跟传统的货代公司有些类似,建议他做大、做强后就能拿到比较好的物流折扣,然后再帮助其他小微电商发货。供应商一端有机会,消费者一端也有机会。其实市场上已经涌现出像"汇达通"这样的成功供应链企业,专门从事中国乡镇的电商配送。如果他能够致力于目前配送市场中尚是空白的部分,成功的可能性会更大一些。

王永伟
模特身材开网店，别具一格创品牌

文/图：张国飞　凌　虹　于金雄　李小雨
指导教师：张　炯

创/业/者/名/片

王永伟　浙江大学宁波理工学院经贸学院电子商务专业 2008 届毕业生，万古氏原创设计师男装淘宝店店长。王永伟在公司里身兼两个职位：公司总经理和网店品牌专用模特，也是唯一的模特。网店开店时间是 2013 年 6 月 6 日。网店服装理念是：复古与时尚结合，潮流与传统搭配。

王永伟工作照

🌐 慢慢找到方向，开始崭露头角

其实王永伟刚上大学时也很迷茫，像多数大学生一样，每天就是不停地打游戏。他甚至在参加全国英语六级考试前还打了一天 DOTA 游戏。同时他也参加很多的社团活动，这些多姿多彩的社团活动虽然使他认识了不少朋友，提高了他的人际交往能力，却耗费了他大量的精力，直接影响了他的学业。提到这里，他不停地感慨，大一、大二两年其实是荒废了。好在迷途知返不算晚，到大三他及时醒悟了，开始努力学习专业知识，同时认真参加学校组织的实习活动,去实习单位从最基础的淘宝客服做起,耐心亲切地为一个又一个顾客介绍产品、调整快递、核对地址。他也从这些基础的业务中,学到了不少关于做淘宝企业的知识,更好地了解了这个行业,亲身体验可是比课堂上听老师讲授要深刻得多。由于良好的业务能力,当时他很受实习单位的器重。公司向他抛出橄榄枝,希望他毕业后能留下工作,并许诺给他一个月5000元的工资,对于一个未走出校门的实习生,这样的待遇可以说非常诱人,不由得让其他同学刮目相看,也充分证明了王永伟的能力。

2013年的夏天,又是一年毕业季的到来。一杯薄酒后,就像刚认识时一样,转眼大家又各奔东西。时光如梭,短暂的青春更需要加倍珍惜,王永伟像所有同学一样带着离别的伤感与怀念,却没有带着大多数同学一样的迷茫和无措,毕业了。刚走出校门的王永伟站在这个人生新的十字路口上,开始冷静地规划自己的未来,审视自己的人生,他明白自己对上班不太感兴趣,期望独立自主,闯出自己的一片天,而不是在某个公司安逸地过着朝九晚五的白领生活,所以他开始琢磨着自己创业。

提到创业,王永伟直接想到了做淘宝生意,因为他本身对这个非常了解,而且电商也是现在比较热门的一个行业。既然大方向确定了,那么具体做哪一方面的生意呢?王永伟一遍又一遍翻着淘宝的主页,心中思索着,最终决定进军男装市场,因为服饰是淘宝最大的一块蛋糕,王永伟本人对这个是很感兴趣的,实习的经历又为他提供了宝贵的经验,他头脑中有一个大致的开店轮廓,这些都是开店必不可少的因素,他刚好都具备了。

既然有了想法,就要付诸实施。但实现梦想,仅仅凭一个人的能力是不够的。俗话说,一个篱笆三个桩,一个好汉三个帮,王永伟开始动用自己平日里积攒的人脉,向朋友们讲述自己的想法,邀请心仪的好朋友一起做事业。终于,功夫不负有心人,王永伟找到了一个据他说满是稀奇古怪想法的设计师,还有一个从事多年布料行业的"准大叔"。5月17日晚,正好是《中国合伙人》上映的那天晚上,三个年轻人一拍即合,随即开始了紧锣密鼓的准备工作。就这样,2013年6月6号,王永伟用自己业余时间当家教挣得的5000元钱作为启动资金,一个名叫"Mr. Vogue"(万古氏)的小店出现在了淘宝上。

起名的问题着实让王永伟的团队费了好大一番脑筋,名字是网店的第一块招牌,对一个网店的生存壮大至关重要。经过好几天的头脑风暴后,王永伟终于从众多意见中确定了网店名:"万古氏原创设计师男装店"。所谓万古,就是万古长青的意思,万古氏的衣服承袭了中华服饰几千年来沉淀的质朴纯粹和中式传统之美。他没有跟风去搞潮流,而是另辟蹊径,去做复古与时尚的结合。他店里的衣服都是亚麻材质，充满了古朴的感觉，又加上现代工艺设计和处理，使衣服穿起来更舒适、更符合现代人的审美。古今结合才是王永伟起名万古的真正含义。果不其然，王永伟的衣服一经推出，就一炮而红，当月就创下了7万元的销售额。这也着实让王永伟兴奋了一把。但很快他又清醒过来，没有被胜利冲昏头脑，因为一大波麻烦正在等着他。

乐观面对困难，企业步入正轨

订单多了，第一个要解决的就是供货问题，创业初期自己没有工厂，王永伟只好到处找裁缝店帮着做。一家还不够，找了好多家，每次要讲清楚怎么做、规格怎样，都要费好大一番唇舌，因为一个店里的产品一定要保持一致，还要保证质量。一旦这两方面出了问题，对万古氏的打击是致命的，王永伟也做到了亲自把关，不让一件不合格的产品卖到顾客手里。前期为了生存，这种情况持续了一段时间，直到后来有了自己的工厂才有明显的改观，成本也下降了很多。

面料也是一个很大的问题。面料一要价格便宜，二要质量过硬。这就得靠采购经理了，他做布料出身，开店之前就做布料外贸行业，凭借多年对行业的了解，以比较低的价格为企业拿到了优质的布料，有效地控制了成本，也让产品的质量得到了保证。

服务的问题接踵而至，开始有顾客催发货、给差评。对于这些情况，王永伟总是耐心解释，不行就给顾客退货换货。他的企业从开始做的时候就支持7天无理由退货，对顾客一心一意，任何一个不满意的顾客都得到了合理的解决方案。慢慢地，万古氏的声誉好了起来，回头客增多了，企业的长期发展也有了保障。谈起这段经历，王永伟笑笑说，创业的乐趣之一其实就在于不断遇到问题，不断解决问题。王永伟家里也是做生意的，但他没问父母要一分钱，遇事总是自己解决。可能父母一丝不苟的创业精神就是对王永伟最大的帮助吧。

现在，他们每天的交易量都在百来单左右，尽管不停地备货、发货让他们繁忙不已，但是他们还是始终坚持良好的服务态度，严格控制衣服的质量。不少顾客在评价里高度赞扬万古氏不仅衣服质量好，而且店员也十分友善，态度和蔼。这种良好的服务让小店在顾客心中留下了好形象。王永伟的产品包装古朴大气，不少顾客都夸他们的包装很讲究，真像一个"宝贝"，从细节处就可见他们对自己的产品有多用心。

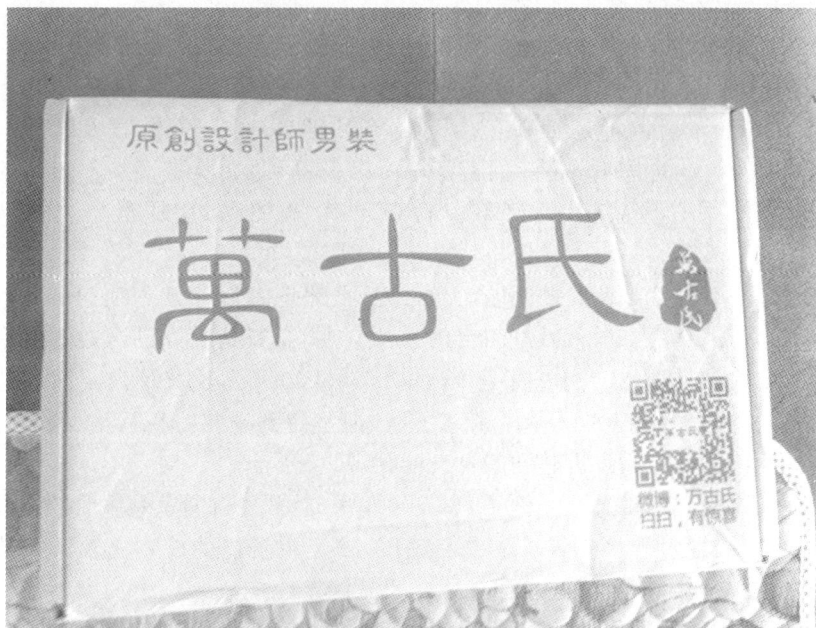

万古氏的服装包装

网店还有一个"后院"，这里的版块都是特地为买家准备的。这里有很多买家秀，其中不少图上附上了好评。可以说万古氏竭尽全力拉近与顾客的距离，这是网店继续壮大的保证。

量身定做竭诚服务，打响品牌步入辉煌

王永伟的衣服不同于其他品牌只有固定尺码，而是可以根据买家的身材量身定做，这一点又承袭了传统制衣习惯，这样做出来的衣服必然是非常合身、非常讲究的。就算是固定尺码的，也有 7 个尺码供顾客选择，比其他企业多得多。正是这些周全的考虑，为万古氏赢得了顾客的青睐。大家都在经营淘宝店，只有另辟蹊径，找出自己的特色才能找到出路、赢得市场，王永伟深深地明白这一点。

网店的装潢也非常讲究，充满了传统文化的美感；衣服从促销到新品竖向排列，一气呵成，给人印象深刻，极大地刺激了顾客的购买欲望；左侧是产品的分类区，让顾客可以很方便地找到自己想买的产品；产品下面是产品的评论和

已售件数,给人货真价实的信赖感。

在企业蓬勃发展时,王永伟对自己的企业提出了更高的追求:打响自己的品牌。这时有人问他,为什么非要打造自己的独立品牌?淘宝网上这么多店铺,买家看的基本都是卖家信用等级、产品销量、买家评论,以及这件产品的样式,等等。很少有顾客专门记下一个店铺品牌,尤其是一些不知名的小品牌。与其去打造品牌,为何不去刷好评率、刷销量,这样不是更容易赚钱吗?

面对一系列诸如此类的问题,王永伟从来都是信念坚定,不听信旁人的冷言冷语。他说:"只有深入做过淘宝的人才会明白,打造独立品牌对于一家网店的重要性。"反观社会现实也是如此,2007—2009年,也就是淘宝网高速发展的那几年,开过网店的人基本都赚了钱,但坚持到现在的却只是少数,一个重要的原因也许就是没有建立起自己的品牌。

王永伟向我们举过一个例子,令人印象深刻:曾经有两家做服装的淘宝店铺,一家店铺主要经营外贸尾单或者工厂、批发市场进的成本比较低廉的服装,而另外一家店铺经营有着自己品牌及品牌定位的服装。第一家店铺前期发展比较快,销量比较高,但因为没有自己的品牌定位,很快就迷失在淘宝众多的店铺中,因为像这种同类的店铺实在太多,没有自己的核心竞争力,很难长久生存。第二家店铺初期发展比较慢,但有长久的发展前景,在竞争激烈的淘宝店铺大潮中最终获得了最后的胜利,赢来自己的辉煌事业。

王永伟所举的例子虽然简单,但让我们感受到了加强独立品牌建设的重要性。大到两个电商企业市场地位的竞争,小到两家淘宝店铺的客源抢夺,全都深刻体现出了"只有打造独立品牌才能使一个企业获得蒸蒸日上的长久发展"这句话的真谛。其实,据王永伟所说,他身边有很多朋友和同学都是做淘宝的,其中有个同学,还在读书的时候就自己在网上创业卖东西,卖过小饰品、保温杯、情侣T恤等,所有东西卖得都不错,月销量都有上千,虽然赚了不少钱,但一直苦于无法做大,这就是没有自己品牌竞争力的原因。而王永伟的"万古氏"品牌,可以毫不夸张地说是复古与时尚的结合,潮流与传统的搭配。该品牌为每一位男士量身打造属于他们的个性中式服装,用纯原创的设计理念,打造独特的中式男装,并且传承精湛的制作工艺,这样不仅品牌的核心竞争力得到了增强,市场的占有率和客户群更是有了巨大的提高。

到如今,王永伟创业已经两年多了,虽然他的店铺刚刚5颗钻,但是提到淘宝的原创男装或者中式亚麻男装,他自信地说:"相信还是有很多人知道我们的店铺,而这,就是品牌的价值!"

万古氏的网店一角

低价优质营销，扩大经营范围

合理的定价策略无疑是淘宝营销的核心，品牌打响以后，万古氏的衣服依然大致保持了原来的价格，并没有急于走高端路线，因为那需要很长一段时间的积累。店里主要是几十元、一百多元钱的衣服，这是做淘宝利润最大的定价策略。在这个价位，从每件衣服上企业都能够获得一定的利润，而且中等的价格也使顾客对产品的质量有信心。同时，大众普遍能接受的价格又保证了销量，再加上适时对一些产品的打折促销，对新款产品的适度提价，扩大了宣传，这些都保证了企业的利润不断扩大。

既然企业利润不断扩大，就要不断扩大自己的产业链，万古氏也开始准备卖自己的鞋子、配饰，未来甚至可能做女装，不断做大做强。未来，王永伟的万古氏可能进驻天猫，走出国门，做具有中国特色的国际一流的服装品牌，这是王永伟的梦想。为什么中国人总是以穿韩版、欧版服饰而沾沾自喜？他相信总有一天，中国风格的服饰也会风靡世界。梦想就是永不止步，我们有理由相信，王永伟的万古氏会不断发展，真正"万古长青"。

采/访/后/记

　　短暂的采访结束了，我们学到了很多，也思考了很多。创业真的没有我们想象得那么远，也绝对没有我们想象得那么简单。电子商务行业未来的趋势是很好的，政府非常鼓励大学生创业，我们赶上了这么好的时代，现在就要开始为以后创业做好打算。不怕做不到，就怕想不到，只要心中有理想，就能到达理想的彼岸。但毋庸置疑的是，创业的过程是艰辛的，不仅需要我们有创业人的魄力和冷静，更重要的，还需要我们有创业人的才能和素质。现在我们打心眼里佩服王永伟学长。刚开始时我们还认为开这么大一个服装店也不是太难的事情，可深入了解之后我们才明白，这里面遇到的困难不是我们这些温室里的花朵可以坦然应对的。想想自己平日里，遇到一点挫折就抱怨这、抱怨那，从不找自己的原因，只会找逃避的借口，还自我感觉良好，我们真的有很多地方需要提高呢。但我们相信，别人能做到的，我们也能做到。王永伟学长的建议我们一定牢记心头，努力学习，认真做事，对未来有一个清晰的规划，从现在开始，尽情挥洒自己年轻的汗水。

教/师/点/评

　　王永伟在我教过的电商班学生中是一个能力出众，并且很有想法的学生。早在学校念书时，他在电商企业的实习中就表现突出，赢得老板的信任，到毕业前夕已经开始独立运营网店了。毕业后他有一段在高职院校教书的经历，最终还是拗不过创业的激情。在当前竞争激烈的电商环境中，选择做自己的品牌不是一件容易的事情，甚至有一点理想主义，但是我相信如果一直坚守自己的理念，找准品牌的定位，严格把控产品的质量，他的成就是可以期待的。

余修政
诚信通上展风采，把握机遇新起航

文/图：郑　慧　周雅静　舒华伦　沈金琦
指导教师：周春华

创/业/者/名/片

余修政　浙江大学宁波理工学院经贸学院电子商务专业2014届学生，担任言成文化传媒公司以及天诚包装有限公司总经理。公司主营高校传媒及阿里巴巴诚信通包装业务，如今打算在诚信通的基础上筹备并进入一种新的电子商务模式——跨境电子商务。

余修政生活照

人生的第一桶金来之不易

与余修政初次见面，他穿着一件黑色衬衫配牛仔裤，简单大方，让人无法忽视他爽朗随和的气质。眼前这位学长虽然还带着曾经身为学生的朦胧影子，却已然是几个公司领导者、企业的股权持有者，在谈吐举止之间早已有了一种将帅之风，那是一种普通应届毕业生所不具备的稳健、自信。

余修政从小就是个志向远大又很有想法的人。高二的暑假，当其他男孩都泡在网吧打游戏、女孩都窝在家里追韩剧的时候，当所有同龄人都安于现状悠然地当个衣食无忧的孩子的时候，他已经和朋友从温州出发北上义乌，开始人生中的第一次商业尝试。他们就背着两个包,揣着一千多元钱,跨越 270 千米来到异乡。"当时更多的是初生牛犊不怕虎的勇气。"他这样说道。

谈到那次不寻常的经历,余修政脸上挂满了笑容,看得出那段年少的记忆给他留下了深刻的印象。尽管他们当时涉世未深,但余修政并没有失去方向,他看中了义乌小商品中的商机。在中国,凡是做小商品生意的人都知道在义乌能找到品种最全、价格最便宜的小商品。于是两人风风火火地来到义乌小商品批发市场,低成本批发了一些玩具,因为余修政发现每到傍晚以后,就会有很多家长带着小孩来广场上散步玩耍。他抓住了儿童消费心理多处于感情支配阶段、有影响家长购买决策倾向的特征,就在广场上摆摊贩卖玩具。余修政睿智的眼光很快让两人赚了不少钱,据他回忆,那时每天能净赚三五百,一个月下来也赚了将近一万元。对一个高二的学生来说,也称得上是一个传奇了。

当然,收获总要付出汗水的,这一万元不是简简单单卖卖玩具就能得到的。余修政说他们当时为了降低成本跟多个商家谈判,遭遇不少冷眼,甚至会为了节省几元钱跑遍所有市场,用三寸不烂之舌说服商家并找到价格最低的一家,其中不乏口角争吵。此外每天还要去广场蹲点,当时气温大概有三十七八度的样子,每次都是大汗淋漓。我们能想象在这寥寥几句话里包含的辛酸苦楚,所幸最后成功了,他也在那次经历中成长了很多。

🌐 跌倒算什么,"大学,我来了"

余修政在第一次创业中大获成功,但在学业上却遇到了瓶颈。每年有无数人在高考中落榜,有无数人在这条必经的路上失意迷茫,而他就是其中的一个。当年高考失利在他的人生中也算是比较重要且难忘的经历,因为家里的要求比较高,原本可以上浙江大学宁波理工学院的分数得不到父母的认可,自己也不太满意,余修政毅然选择了去杭州复读。

复读是只有那些真正能控制自我、有决心的人才会选择的路。复读的日子很难熬,我想每一个曾经历过的人都深有体会。余修政和每个怀揣梦想选择复读的同学一样认真过、努力过,一年后的结果却不尽如人意,据他描述,他们班一共有 48 人,2 个上了浙大,30 多个上了其他重点,而他是班里倒数的那几个。第二次选择依然如故,无疑似晴天霹雳,他也曾颓废过一段时间。不过,人生在世,难免磕磕碰碰,重要的是个人心态要好。余修政很快就重新振作,兴冲冲地向渴望已久的大学奔去。

初至浙江大学宁波理工学院，余修政跟其他新生一样，激动、兴奋，感觉一切都是新的。在这里，可以自由自在做任何想做的事，可以拥有很多空闲时间发呆睡觉，可以逃离父母的管制成为真正意义上独立的个体，这就是大学。

当我们问到社团问题时，余修政回忆："我当初报了校社联的外联部，拉了一次赞助，大概有四千元吧。"作为校社联成员，我们深知四千元赞助并不是那么容易拉到，不由加深了对眼前这位年轻创业者的佩服。"不过那次以后我再也没参加过外联的活动。"说起来，他好像并不遗憾。当我们问到这个问题时，他笑笑说，他曾经加入电子商务协会，大二的时候竞选副会长成功。相对来说，电商协会对他的帮助是比较大的，因为协会事务以及他的积极，余修政偶然认识了宁波电子商务协会的成员并与他们结下了情谊，也帮助浙江大学宁波理工学院的电商协会成为宁波电子商务协会的副理事长单位。这为他日后创业积累了不少的人脉。

把握机遇，勇于转变

经过大一玩玩闹闹的一年，暑假里，余修政静下心来对大一做了个简单的总结，发现整天跟着室友打游戏太浪费时间，没有意义，便开始计划自己的未来。他决定创业，大学生创业在当时并不热门。作为一个新手，余修政面临的是重重困难。开始，他并没有告知父母，也不想麻烦父母、依赖父母，因此在父母不知情的情况下创业的他，没有资金。另外，关于怎么选择创业领域也是他要深思的事情。

"山重水复疑无路，柳暗花明又一村。"就在他找不到头绪的时候，电商协会副会长这个头衔意外地帮了他大忙，他通过这个渠道认识的伙伴中刚好有与他志同道合的朋友，于是他们开始了缜密的创业计划，创业资金的问题也迎刃而解。经过激烈的讨论和对市场的观察分析，他们发现高校广告行业门槛低，比较适合大学生创业，于是决定从这一领域踏进门，大显身手。对学电商的余修政来说，这是个完全陌生的领域，未来的路又蒙上了一层薄纱，也正是这样未知却有无限可能的空间，才能激发青春最热血的一面。

提到刚开始创业时的困难，余修政一脸感慨："我觉得我性格上最突出的特点就是脸皮比较厚。"一般社会上的客户都不太信任学生，觉得学生经验少、涉世未深，不放心把单子交给学生做，怕学生把这些单子做坏了。因而他们换了突破口进入市场。"最开始创业的时候，人脉真的挺重要。"他强调道。在余修政的团队中,有学生会主席、社团干部以及传媒设计专业学生等成员,他们发动自己的人脉关系,在校园中承接各种大小不同的任务,抓住各个院系开办大小活动时需要宣传的机会,一步步着手。"最初一个月必然是辛苦的,到了后来,雨过天晴,营业额每个月可以有两三万元左右吧。"经验的累积加上技术的提升,到了后来,余修政的团队开始渐渐拓宽市场,准备分一分社会上客户这块大蛋糕了。

为了解决客户不信任的问题,他性格中突出的特点发挥了作用。据他描述,他印象最为深刻的是一个诸暨客户,为了获得那笔单子,几次电话沟通无果之后,他向学校请了一天假,亲自赶往诸暨,等在客户公司楼下,只为与其进一步面对面地交流。记得那天下着小雨,天气微凉,余修政心里也没底,他就是本着尽力做好每一件事的心态等到最后。皇天不负有心人,这位客户最终被余修政的毅力与诚意打败,抱着试一试的心态将一笔单子交给他所带领的广告团队。后来让客户吃惊的是,合作结果出人意料的好,他对余修政赞不绝口,称小伙子不仅有诚意,能力也不错,是个能干事的料子。

解决了接单的问题,新的问题又接踵而至,他们提供的设计样稿总是得不到完全的认可,自己的团队常常因为改稿子熬到深夜甚至凌晨,这可急坏了余修政。毕竟他们都是学生,除了工作,学习才是他们的主业,这样白天黑夜忙碌着,实在太辛苦了些。所幸熟能生巧,经过一次次的修改和谈判之后,余修政渐渐摸到了其中的窍门。"在提供设计样稿时给客户多几个选择,有了对比他们就会从这些样稿中选比较中意的,这样就不用修改太多次了。"他不时地把身体靠在椅背上,向我们说道。

提到父母对他创业的态度,余修政显得格外骄傲和自豪:"我是在创业走上轨道之后才告诉父母的,他们知道后很惊讶,但也是支持的。他们没有给予我任何帮助和建议,放手让我自己去尝试,遇到困难我也会自己努力找到方法去解决。"

凭借着对市场的敏锐洞察力,余修政成功实现了让自己团队"活下去"的目标,而面对营业额长期处于瓶颈这一难题,余修政做出了一个大胆但又是经过深思熟虑的决定:以包装业进驻阿里巴巴诚信通店铺。重新进入一个未知的领域创业,是大胆的;而深思熟虑之后的决定又是正确的。余修政本是电商专业的学生,有专业优势,家里又是做包装生意的,父母可以提供货物来源,减少库存压力,并教授他如何计算成本。诚信通上主要是B2B,能和客户建立长期交易关系,并且利润也很可观。

说到诚信通与淘宝的差别,余修政严肃地说道:"我把淘宝上的顾客称为买家,而在诚信通上的顾客则是客户,其中的区别就在于诚信通上的顾客一般

余修政广告团队作品

为厂家,能同企业建立长期的合作关系。"所以如果能成功,那将是他创业史上浓墨重彩的又一笔。

"既然要做,就要做到最好。"他对诚信通店铺的页面追求极其精致,目的是增加浏览量。也正是这种追求最好的精神,让他的店铺在十个月还不到的时间里挤进了诚信通排行榜前 50 名,产品升级为爆款,登上首页。

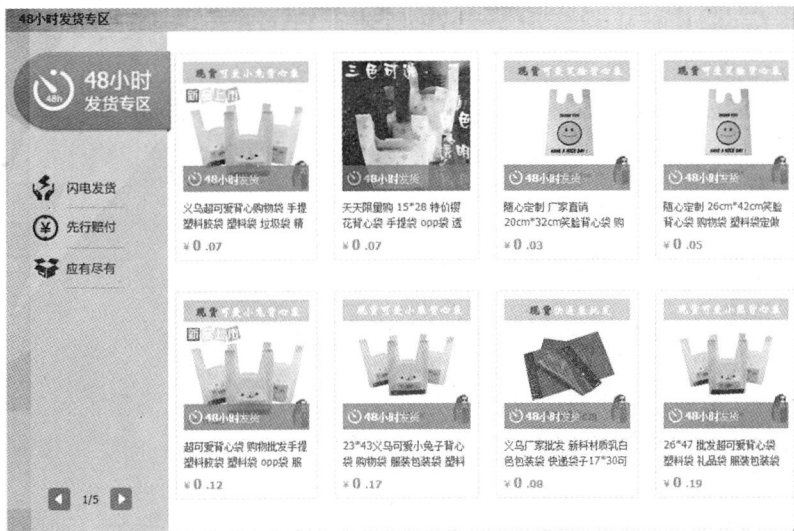

余修政诚信通店铺网页截图(1)

余修政诚信通店铺网页截图(2)

在这风光无限的创业旅途中,创业团队也遇到过各种矛盾。团队成员意见不一、眼光各异等,历来是许多企业都存在的问题。针对这个问题,余修政的团队有一种独到的解决方式,将那些困扰一一击破:采取项目承包制。在意见无法统一的时候,团队中的持不同意见的成员会预先设定一个目标,然后试做一个月,结束后评判是否达到目标,如果达到了就说明可行,达不到则换别人的方法来做。这种方法看似简单容易,却不失为一种好方法。也正是凭借着这种方式,让他们一次次达成共识,达到盈利。

"如果再让我经历一次大学,我希望我能在图书馆停留更多的时间,多看看书,不一定是课本,也可以是各种不同的书,它会帮助一个人在未来无形中提升一定的格局。"大二开始创业无疑是领先于同龄人的,更早踏入社会,获得更多社会经验,那是我们在校园里学不到的。但无疑,花费如此多的时间和精力必定对学习有影响。余修政经常需要在上课时出去接客户的电话,尽管老师对此表示理解,但他自己仍觉得十分抱歉。

把握机会,展望未来

之后,余修政要真正面对社会,考验的是创业者对市场的敏锐程度,看是否能够抓住稍纵即逝的机会,成为第一个吃螃蟹的人。幸运的是余修政是其中的一个。他很好地利用了国家扶持政策,深入拓展诚信通电商模式。

诚信通是阿里巴巴为从事中国国内贸易的中小企业推出的会员制网上贸易服务,主要用以解决网络贸易信用问题,是建立在阿里巴巴上的摊位,通过这个摊位可直接销售产品,并宣传企业和产品。

诚信通客户里中小企业占据了很大的比重,很多客户在传统渠道上做生意如鱼得水,却往往打不开网络市场,这并不是说网络市场比传统生意难做,而是大部分企业不了解怎么做的问题。余修政巧妙地运用自己的专业优势在诚信通上尝试了二次小成本创业。诚信通代理服务在这样的形势下诞生,为中小企业诚信通的操作提供及时专业的服务。这一方面帮助了企业做好网络推广,增加销售效果,另一方面帮助阿里巴巴留住可能因为不会应用诚信通然后错误认为诚信通没用而流失的客户资源,还有一方面是能给擅长这方面的从业人员提供一个创业或者工作的平台。

虽然余修政在电子商务这个领域取得了喜人的成绩,但是他依旧保持不骄不躁的清醒头脑,对自己的未来进行了规划,列出了自己最近的目标。由于国家政策的支持,在不久的未来,鄞州将落成一个大学生创业基地,提供给大学生们一个自主、公平的创业平台。而一贯敏锐的余修政也因此打算在诚信通的基础上筹备并进入一种新的电子商务模式——跨境电子商务。

跨境电子商务是指分属不同关境的交易主体,通过电子商务平台达成交易、进行支付结算,并通过跨境物流送达商品、完成交易的一种国际商业活动。跨境电子商务作为推动经济一体化、贸易全球化的技术基础,具有非常重要的战略意义。而余修政在跨境电了商务方面主要投入的是户外用品和母婴用品。这两个方面的市场需求比较大,有很好的市场前景,能够占据一定的市场份额。

予人玫瑰,手有余香

"只要你们有需要,随时都可以来找我,尽管我可能不都是正确的,但我愿意为你们提供一些建议。"余修政说道。而关于建议,他又说:"我觉得在电商这方天地中,学历并不是最主要的;相反,掌握一门技能,如绘画、Photoshop,才会让你收获更多。"

最后,提到在创业方面的意见,余修政的一句话显得格外发人深思:"创业,你们是自己真的想创业还是跟风创业,这两者有着本质的区别。"他感慨道:"我看过很多人在大学期间想创业,就开了间淘宝店,可我见过存活时间最长的只维系了一个学期,创业就流产了。"此时,我们竟答不上话,在心里问自己,我们的创业到底是属于哪一种呢?

"创业必定是辛苦的,你一定要坚持下来。只有在你自己去做、去尝试之后,才会知道一切没那么简单。"余修政的话又开始在我们耳畔萦绕开来。的确,热心、恒心是每个人、每件事、每个行业中最重要的因素,在将来的职场抑或是创业中,这势必是鞭策每一个人的钟声。

采/访/后/记

离开时雨已经停了,经过雨水冲刷的树木显得格外清澈翠绿。我们四人安静地走着,没有人说话。抬头看看天空,也许是时候张开翅膀去飞了。余修政的经历让我们明白不能永远活在羽翼下,我们要为自己的未来好好打算,并且用持之以恒的决心、脚踏实地的毅力去实现自己的目标。不管你的理想是平平淡淡还是轰轰烈烈,只有当你抱着追求完美的心态,才能趋于完美地做好,艰难苦楚是一定的,只要记住,过完你不想要的生活就是你想要的生活。

教/师/点/评

余修政,能言善谈,沟通交流能力强,具备温州人特有的敏锐的市场洞察力,有较强的创业意识。在校期间他就已小试牛刀,创业经历丰富,创办了言成文化传媒公司和天诚包装有限公司,两家公司业务量稳定,并且能与家族企业的包装印刷业务密切结合。这种 B2B 的电商运营模式,对一些刚起步的企业来说,相对比较容易操作,成功概率较大。

黄 苏
商业背景下一枝独秀，
婚俗文化中吸金百万

文/图：袁诗朦　夏丽燕　李　明　陈智渊
指导教师：林承亮

创/业/者/名/片

　　黄　苏　浙江大学宁波理工学院经贸学院电子商务专业 2008 届学生。2007 年获得浙江大学首届电子商务大赛二等奖。2011 年她的久久喜铺在淘宝网注册，两年时间发展到蓝皇冠信誉，年营业额 200 多万元。

黄苏工作照

大学四年初现锋芒

　　生活中总有很多困难的选择，2011 年的一天，待产的黄苏面临着她人生中最困难的抉择：一面是安稳轻松的工作，另一面是充满迷雾的创业之路。经过几天几夜的思想斗争，黄苏毅然决定给自己一个机会：听从内心最深处的声音。

　　"大学四年大概是我最难忘的四年吧。"黄苏回忆道。

　　大学时期的黄苏也算是学校里叱咤风云的人物。用她自己的话来说，在科研、创业、竞赛等方面都有涉猎并取得了不错的成绩。

　　2004 年的电子商务对于人们来说基本上算是一个陌生的概念，经过调剂进入该专业的黄苏也是一头雾水。"现在回想起来,老天对我不薄,让我进入这个如此有潜力的专业,"黄苏笑道,"入学一年,许多身边的同学都陆陆续续转到别的热门专业,我觉得既来之则安之,坚持了下来。"在大学的图书馆中经常能看到黄苏的身影,她主动去收集阅读与电子商务相关的专业资料、信息,渐渐地,她觉察到电子商务是一个十分有潜力的专业。于是她更积极参与学校、省里各类活动和竞赛。

竞赛之路

2007 年,浙江省举办了浙江大学首届电子商务大赛,黄苏全身心投入那次比赛,当时他们做的课题是帮助鄞州注塑机厂在阿里巴巴上开通诚信通,并负责经营管理一个月。由于是第一次参加省里的比赛,黄苏与她的同伴显得新手。她们对于诚信通一无所知,在经营管理方面更是新手。在准备阶段,她们几乎用所有的个人时间去熟悉诚信通的流程和操作方法。"那段时间真是太疯狂了,每天基本都要干到深夜,当时也不觉得苦,想想也是兴趣所在吧。"功夫不负有心人,经过一个月的努力,黄苏团队获得了浙江大学电子商务大赛二等奖。

"我很享受成功带给我的愉悦,在那之后的各类竞赛我都曾去参加。"

同年的创业大赛又让黄苏大放异彩。"Cool Kou"是她这次作品的英文名字。说起那次比赛,黄苏脸上洋溢着自信的笑容。那次大赛她做了理财的课题,通过团购、会员卡、优惠券等来节省消费,定位是大学生和白领。这次的黄苏相比第一次老练多了,她有条不紊地收集资料、发放问卷。但是很快她又遇到一个大困难,就是如何设计制作网站。起初她去向指导老师寻求帮助,老师并没有提供很具体的方案,而是叫她多找资料自学,可是时间紧迫怎么可能在几天内学精一门课程呢?她没有慌乱,而是通过同学介绍,找到了一名精通网站制作的学长。接下来的几天,黄苏借鉴了各类网站的模板,结合自己的设计理念,写出了她认为比较完美的设计报告,可是指导老师并不满意,在来来回回修改几次后,黄苏的课题终于得到了评委们的赞赏。

创业之路

竞赛优异的结果肯定了黄苏的努力和能力,也使她萌发了创业的念头。"当时我身边的朋友都不怎么支持我,但是我还是相信自己的判断。"开始时的黄苏并没有多少创业资金,所以决定去代销服装。

黄苏先从供货商入手。2007 年电子商务处于起步阶段,供货商并不是很多,黄苏跑遍了学校附近的批发商。"当时我天天跑轻纺城、二号桥市场,就是为了找到价格低、质量好的女装,好几家女装老板都认识我了。我父母都是从事服装行业的,所以我就比较敏感些。"

与此同时,黄苏也在网上注册了淘宝店,并用心经营起来。她回忆说,其实当时客源还是有的。记得有一次她上课回来,发现有三笔订单,初次接到好几笔订单的她欣喜若狂,便马上去批发市场批发,可是看到实物的她一下子失望极了,当初老板承诺的高质量衣服实际上却很差,无奈顾客已下了订单,黄苏只能把衣服寄过去,而最终结果是意料之中的不尽人意,顾客给了差评。

"没有办法,当时做淘宝的商家还少,衣服质量实在太差,长期做只会流失客源,于是我的第一次创业失败了。"黄苏很无奈地告诉我们。

危与机并存:"真性情"的巾帼创业

2011 年,对黄苏来说注定是不平静、不平凡的一年。

这一年,黄苏有了她的女儿乐乐。孩子的出生带给她除了不可抑制的喜悦,也让她感到了忧虑。她想要给孩子一个美好的未来。毕业以后她一直在温州当地的一家门户网站从事网络编辑,每个月 1000 多元的工资,已经完全不能满足她对生活、工作的期望。在产假里,她就琢磨着找一份新的工作。

"在产假的最后一个月,我找了一家婚庆公司,公司让我为他们设计一个独立的网站。"因为之前她就在门户网站里负责过婚庆频道,凭着自己的经验以及老练的网站技术,很快就为婚庆公司带来了不错的业绩。"老板也很赏识我,不过老板并没有兑现他之前所说的每个月 5000 元的报酬。我有些不甘心,决定离开婚庆公司,产假也正好结束,我就回到了原来的岗位,整日清闲,让我有更多的时间去思考自己接下来要走怎样的路。"

"自己有技术、有经验,为什么不去做出一番自己的事业?"离开婚庆公司回来后,她独自创业的念头更加强烈。"我很早以前就有对喜糖市场的评估。"黄苏说道。黄苏出生于温州,在温州婚俗中喜糖占有很重要的地位:喜糖在旧时婚礼中,是婆家定礼中的六色礼或十二色礼之一,新娘上车(轿)的时候,以及新郎新娘入洞房的时候,都要撒喜糖,让大家一起分享甜蜜美好。随着时代的发展,喜糖的定义也发生变化,而喜糖的种类和外包装更是日新月异。无论是之前负责的婚庆频道,还是后来的婚庆公司,在黄苏的工作过程中,对喜糖在婚庆方面的不可或缺,她都有深刻的认识。当时整个市场很少有人在淘宝上开设喜糖包装相关的店铺,大多数都是喜糖散卖的淘宝店。

关于自己创业这件事，黄苏在生乐乐前就与家里人讨论过，当时顾虑到自己不能太劳累，也就向家里人妥协，安心养胎。现在她再一次提出来后，又一次遭到家人的反对。家里人觉得乐乐刚出生，最需要的就是妈妈的照顾，而且一个女孩子产后也不应该太劳累。两次矛盾的爆发让黄苏心力交瘁，一方面不想让父母难过，另一方面真的不甘心，不想错失喜糖这一市场机遇。

一次又一次的负气争吵，让黄苏与家里人都很难过，不过不论家里打出怎样的亲情牌，想让她继续做轻松稳定的网络编辑工作，她都不愿意妥协。黄苏的父母一直知道她是个很有想法，也很有能力的孩子，只是作为父母谁都不愿意孩子受苦。黄苏也知道自己激进了，她打算和家里人好好谈一次。那天，一家人坐在客厅里，由于多日来的谈不拢，气氛显得有些沉闷，她与家里人谈到了她的大学生活："大学时我为了自己有更好的发展，努力去参加各种竞赛、科研、创业，平常空闲的时间都没有像其他同学那样去寻求自己的兴趣爱好，大部分精力都花费在了专业课程上。网络编辑这份工作真的没有把我大学学到的那些东西和所努力的成果发挥出来。而这次开设淘宝店的想法，可以让我把四年里专业课程中所学到的知识，以及自己各方面的坚持和努力加以实现。而且我看到喜糖市场真的很有发展潜力，我不愿意放弃，希望你们能够让我放手一搏。"最后家里同意让她试一试。

对于淘宝店的名字，黄苏浏览了很多网页，参考了很多人的意见，能够想到的有寓意的名字都没有达到她的期望。一次与朋友无意的谈话，令她猛然想到久久结婚网是当时最大的婚庆网，久久，长长久久，久久在人们观念里是对有情人的美好祝愿，人们普遍接受，有相当大的知名度，于是她最后敲定了"久久喜铺"这一名字。

前期准备工作非常烦琐。首先就是与供应商的联系，为了产品保质保量，黄苏跑了温州许多散糖批发店，那几天大多是在车上度过的，每天她回到家都累得不想动，不过看到乐乐的笑容，她顿时有了动力。除了散糖外，黄苏的特色主要是在喜糖的包装上，她进了很多喜糖包装款色，让顾客有更多的选择，体现产品的多样化。在确定了与快递公司的合作后，2011 年 3 月，她将喜糖上架，网上的久久喜铺正式开业。

"刚开始的时候，真的没有什么关注度。为了让更多的人知道我，我找了很多朋友和以前的同学来帮我宣传，效果还是有一点的。可能是选择的时机很对，在中国的农历里，马上就会迎来一个结婚的旺季。为了迎合这一市场需求，店铺里适当地推出了优惠活动，还参加了当时的淘宝特惠活动。"恰逢这一时机，黄苏的久久喜铺迎来了第一个买家。通过一番沟通，买家选好了喜糖的

久久喜铺淘宝网截图

组合方式,黄苏寄出了样品,买家说再让他考虑考虑。

4月2日,又一位买家与她敲定了订单。这笔一万多元的订单,可谓是认可黄苏的选择的开始,第一次的成功让她兴奋得睡不着觉。精气神十足的黄苏打包、发货一气呵成。买家对她的态度、发货速度以及产品质量都很满意,还追加了好评,说会把这家店铺介绍给更多有需要的朋友。

在第一笔生意成功后,久久喜铺被更多的人知道,生意慢慢步上正轨。但其中也有很多不为外人知道的辛苦,店铺里所有的事情都是她自己一个人在做,家里人刚开始的时候都是反对的,但也都心疼她,慢慢地喜铺越来越忙,家里人也开始帮她料理、打包。她也曾说道:"不是女儿影响了我的生意,而是生意影响了我照顾女儿。"

挫折中发展：C2C 到 O2O 营销模式的转变

再小的船也会遭遇风浪，久久从默默无闻到被认可、被淘宝推荐，虽然是稳扎稳打，但是不可避免地，会有一些人眼红，会遇到一些莫名其妙的顾客。有一次，一个下了一份几千元钱订单的客户，因为久久没有开展其他店家那种凭好评返利五元钱活动而给了差评，并且在黄苏与其沟通过程中，没有发现任何产品质量与服务上的不满，只是单纯想要那五元钱。无论怎么交流，黄苏都无法改变他的想法，对于这样的顾客黄苏也很无奈。

久久喜铺线下店

黄苏在营销上坚持的是产品质量与服务至上，也可以说顾客就是上帝。在货源方面无论是糖果还是包装都严格把关。黄苏店铺的特点是每笔订单都是成千上万的，所以得到顾客的信任非常重要，于是黄苏想到这个法子：如果顾客有需要的话，可以先寄样品。在产品的样式方面，她给顾客极大的自主性，顾客可以自己搭配喜糖样式，也可以选择店铺里提供的模板，让顾客找到自己最喜欢的款式。

为了吸引更多的顾客，黄苏拓展了新的营销方式——"O2O"，这是时下前沿的营销方式。黄苏在自家附近开了一家线下体验店，店面有两间，一间是工作室，一间是摆满了各种糖果的储藏室。店面虽然不大，但非常整洁。她很坚

久久喜铺线下店产品展示

定地说："如果顾客真的对产品的质量不满意，产品有问题的话，即使是上千元的单子，我也会给他们退货。我不会去强求用好评返利五元钱这类的方式，好就是好，不满意可以提出来，我会去改，尽量做到最好。"

生意以诚信为本，以服务至上。黄苏用她独到的眼光，以她自己的方式成功了。

口碑营销滚雪球

"我很满意我现在的生活，淘宝店进入了正常轨道，虽然双月旺季依旧忙得不可开交，但是相比前期，我有更多的时间来陪我的女儿。"黄苏满面春风地说道。不难发现，只要一提及她的宝贝女儿，黄苏的脸上总带着笑容，眼神里都透出柔和来。

江浙沪一带的婚礼一般都在双月举行，自然而然，一年的双月便是喜糖营销的旺季。一到旺季，黄苏便会发动全家一起帮忙，一份单子下来，就要没日没夜赶工，全家人一起打包到凌晨，第二天又要一大早起来给快递发货，时间完全不够用。虽然忙，但是黄苏还是用"充实"一词来形容她的生活。

温州有句俗话叫"天下之主，不如买主"。黄苏在经营实践中视顾客为"衣食父母"，处处尊重顾客。黄苏讲诚实、重信用、求质量，在质量把关上兢兢业业，不敢有任何差池。天道酬勤，短短三年，"久久喜铺"从零做到蓝皇冠，如今一年的营业额约有 200 多万元，当提到利润不止 10％的时候，黄苏一脸自豪地说："从月收入 1000 元到现在的两三万元，我终于可以告诉自己当初的选择是正确的。"

"一步一步，我要做得更好"

黄苏对于未来的发展也有自己的一番打算。虽不是什么宏图大业，但从她的只言片语中可以看出，她很明确地知道自己想要些什么。

她计划在 2015 年注册几家全新的淘宝店，从零开始，以另一种品牌形式增加自己产品的曝光率，从而增加市场的竞争力。

她坦言道："我这个喜糖市场不如衣服鞋子的大，但还是有很大的市场空间，所以趁着这个时候要占领更大的市场份额。"她很自信地分析说："现在的久久喜铺已经比较成熟，我用三年时间把它从不成熟做到成熟，从零做到蓝皇冠，我相信，熟知业务的我用不了三年时间就可以将新的店铺做到像久久一样，甚至比久久更好。"

至于扩展营销渠道，她也在去年以实体店的个体营业执照开通了阿里巴巴的诚信通。"一年 3688 元的诚信通认证费与免费的淘宝相比是多了，虽然去年我在这上面投入的精力不是很多，但这是从 B2C、C2C 发展到 B2B 必要的途径，我想日后我也会投入更多的时间到阿里巴巴，让我的几家淘宝店成功转型为公司。"黄苏淡定地说道。我们不难发现，她的每句话中都带有自己独到的见解和雄心。

近年来，微商也在蓬勃发展，向来对市场信息比较敏感的黄苏决定以另一种身份进入这一领域。她初步规划自己重新做大学时失败的服装行业，她相信自己在哪里跌倒就能在哪里爬起来。微商的特点是要有较大的客源量，顾客有较大的购买力。在淘宝上摸爬滚打多年的黄苏已积累了较大的客源量，这一优势方便她进入这一高速发展的新领域。

"无论进入什么行业，自己对自己有信心最重要。"黄苏总结自己的成功时说道。

在回程的动车上,在那个没有网络的属于自己的空间里,我们感觉眼前的世界变得开阔起来。黄苏的经历让我们明白不能因安逸而止步,我们要为了自己的梦想而把握住可以锻炼自己的一切机遇。还有一点很重要的启发就是,我们要留心观察生活,可能那些大商机就在里头。梦想从来不只是用来想想的,我们用心去做了,我们为它努力过、奋斗过,到了结束的时候,我们或许不能说我们成功了,但是我们可以对自己说无憾。生活从来都是让人来颠覆的。

教/师/点/评

有一个说法是,在淘宝网的全部网店中,97％是亏损的,2％保本,仅1％可以赚钱。其实,电子商务未必一定要求新求异,只要抓住了消费者的需求,小小的喜糖也可以做成自己的事业。黄苏做的是喜糖,这在淘宝上有数不清的店铺。为了与别的店铺不一样,黄苏把不同的喜糖组合起来进行销售;为了坚定大客户的信心,她又推出了先品尝后下单、开设线下体验店等方式,逐步使自己的喜铺有了与众不同的魅力,拉拢了一批忠实的消费者。通过微创新实现差异化,这就是黄苏成功的秘诀。

徐俭浩
淘宝初试掀风雨，转战跨境砍荆棘

文/图:张　瑜　韦玉虹　俞　凯　赵书聪
指导教师:李成刚

创/业/者/名/片

　　徐俭浩　浙江大学宁波理工学院经贸学院电子商务专业 2013 届毕业生。都说义乌人会做生意,勇于创业,这话搁在他身上非常恰当:2012 年作为准大四的学生,他在为期两个月的暑假里凭借在网上销售女性饰品获 10 万元利润而一战成名。毕业后他转战速卖通,主营女装,现有着不凡的销售业绩。他,是学长学姐口中的传奇,是老师们的骄傲。

徐俭浩生活照

初试牛刀，淘宝场上获成绩

　　其实早在 2010 年,徐俭浩便在网上拥有了一家属于自己的淘宝店,而他真正大展拳脚之际是在大三那年的暑假。奔着店铺获得一颗钻的信誉来代替社会实习这一目标,他在酷暑中废寝忘食忙碌了两个月,最终用 2 万元的启动资金,造就了 30 余万元的营业额、10 多万元的利润这一创业传奇。

　　时隔两年,我们有幸采访到如今仍在创业道路上奋力前行的徐俭浩。他身在义乌,非常忙碌,采访过程中,我们可以感受到他的那份认真、细心与耐心劲儿,这也许正是他成功的原因之一吧。

最初徐俭浩之所以选择将淘宝店铺达到一颗钻的信誉来代替社会实习,除了专业方向契合,其实还受到了他哥哥的影响。他的哥哥就读于义乌工商学院,并对电子商务有着深入的理解和研究。哥哥早已在淘宝网上小试牛刀,也获得了相对可观的利润。受这种环境的影响,自主创业的想法不知不觉在徐俭浩心中生根发芽。

万事开头难,前期工作费了他不少的劲。"有些东西质量、外观等都不错,但销量却并不好,这时候数据分析比主观判断更有效、更重要。"数据分析,这看似简单的四个字实行起来可没那么容易,主营饰品的他为了能选择正确的商品,愣是在数据魔方上观察了许久的相关数据,并在熟知相关电商专业知识的基础上选定了多款女性饰品。身处义乌的他在小商品市场奔波了几日,寻得了几款饰品。有了货源,这几款饰品被风风火火销售了起来,日后的成功也证明了他选择的正确性。

选定了商品后,接下来的启动资金又从何而来?"靠之前做的兼职咯,像到必胜客、肯德基做服务生。"多年的兼职积蓄竟也有 2 万元之多。紧接着徐俭浩又敲定了"根据地"义乌,这也是与哥哥商讨的结果。选择义乌不仅仅是因为义乌离徐俭浩的老家较近,更重要的一点是义乌特有的商品特色。义乌的饰品行业可以追溯到 1982 年,最初是贩卖广东和香港的饰品,经过几十年的磨砺,义乌的饰品行业早已脱离了最初的"青涩",处于"成熟"的阶段。义乌饰品的产量和产值更达到了全国饰品行业的 70% 以上,异常繁盛。这对于把目标投向饰品买卖的徐俭浩学长来说无疑是一块宝地。于是徐俭浩协同哥哥在义乌租了一间小房子,正式开启了创业旅程。

乘风破浪,直挂云帆济沧海

前期筹备工作虽有条不紊,但缺少经验的人在初开淘宝店的时候难免会遇到一些问题,即使是学过专业知识的徐俭浩也不例外。

就拿产品推广来说,徐俭浩想通过直通车来增加销量,但没有任何东西是万能的,直通车确实能使流量暴增,但它只是单一地解决了流量问题。毕竟销售额=流量×成交率×客单价,被吸引而来的用户购买与否又与其他因素密切相关。效益一定会有,不过对比通过直通车增加的效益和花费在直通车上的费用,不同的店铺会有不同的结果,最终可能是徒劳无功。有了亲身经历后,徐俭浩对比收益情况而最终决定取消直通车方案。事后徐俭浩感慨道:"其实只要客服能礼貌热情地待客,自身产品质量过关,售后服务等也都尽心尽责,销量自然而然会提高上去的。"心急吃不了热豆腐,一口也吃不成胖子,只有脚踏实地、一步一个脚印,才会有望见到曙光的那天。

我们知道,淘宝卖家将商品交到买家手中是通过快递来实现的。所以作为淘宝卖家的徐俭浩每天都要填写许多订单,并且要对商品进行包装。据他回忆说,还在开淘宝时,他每天花费在包装上的时间要3~5个小时,因为在创业的起步阶段,徐俭浩的团队人手不足,基本上各方面都要亲力亲为。那时为了避免自己填写的顾客信息出现误差,他采用了最笨的方法,填写完后再次检查核对。本是两三个小时的工作量也自然增加到了四五个小时,这不但是体力上更是精力上的消耗。

作为一个淘宝卖家免不了要和买家进行交流沟通,所以时不时碰到个别"奇葩"买家来找茬也是在所难免的事情。徐俭浩说:"现在想想那些'奇葩'客户还是蛮有趣的,甚至给辛苦的工作带来了一些欢乐。"比如有一次,一个女顾客说:"你们的项链好看是好看,但价格实在太高,能不能打折?""很不好意思,我们的价格已是最低价,不能再打折,您看我们帮您承担一半运费如何?"徐俭浩礼貌地回答道。"那么几元钱运费我还承担得起,我就想要个折扣,我看别的店在卖一模一样的项链打的是八折呢!""那您可以对比看看,也许他家的项链打折后还没我家的便宜呢,不然您也不会放着便宜的不买,来买我家贵的东西,对吧?"那位顾客自然被说得哑口无言,对于徐俭浩温柔的回复也发作不起来,之后就打算原价买下项链。最终徐俭浩将项链卖给她并承担了全部运费,那位顾客事后倒成了店铺的常客。但也有些顾客总在收到货后从鸡蛋里挑骨头,硬是要挟着给差评来索赔几元钱的"补偿费",虽说这是开淘宝店难免会遇到的事,但要处理好这类事也着实费了徐俭浩不少工夫。

"那段时间基本上都是在晚上12点以后睡觉,有时在吃饭或是睡觉时还常常幻听到'叮咚、叮咚'的提示声。"一个人既要做客服,又要打包、填单、进货等,确实是疲惫得很,徐俭浩回忆时自己也不免为当时忍受的创业艰辛而惊讶。但困难挫折从未打断过奋斗前行的步伐,也许这也正是他能够取得成功的原因。

千叮万嘱，小心驶得万年船

一个淘宝店铺的销量直接取决于它的信誉，所以为了提高店铺信誉度，有些卖家会使用一些手段来刷信誉，借此提高自己店铺的销量，显然这是一种不诚信的违规做法。买家网购时要了解店铺所出售商品的好坏，只能通过"前人"留下的足迹来判别。试想一下，如果评论栏里满是差评，谁敢在这样的店铺里购物呢？徐俭浩老老实实、脚踏实地，一步一个脚印地经营店铺。"也曾有人来相邀刷单，不过我始终觉得诚信比利益重要得多。"正是因为他用心做好每一单生意，给顾客以最好的服务，所以基本上买家都会留下好评。这也是当初他的店能在短短两月内信誉大增的重要原因。诚信，是开店的首要原则。

要想守得云开见月明，就要有坚定的意志力奔向目标。其实徐俭浩最初选择创业不仅是想一展身手，更是想试着看看能不能赚够下学期的学费。他最初没有抱太大的期望，但后来的成绩着实出乎了自己的预料。现如今去追溯过去，他自己也不断感慨那时自己竟有勇气"倾尽家产"放手一搏。不过倘若没有足够的胆量和勇气，谁又会坚定不移地去尝试自己从来没有经历过的事物，更别说像电子商务这样一个新兴领域。但成功者从来都是有冒险家精神的，不是吗？因为有太多的未知数，也就会面临太多的挑战，所以无论我们选择走向哪条路，都请记得凭借顽强的意志力坚定地走下去。

另外，每个人都会有弱点，而真正的强者并非是无所不能的，有的人之所以能成为强者，是因为他们懂得用低姿态来学习他人长处，补足自己的短处。对于亦师亦友的哥哥，徐俭浩除了尊重与感激之外，更多的便是团结之中的协作学习。他向我们建议道："无论我们走上何种发展道路，都要学会尊重他人，虚心求教。"

最后，我们问道："你有没有想过如果创业失败了该怎么办？""失败了就重新开始，哪怕是换个环境，一旦创业过就很难平静下来再为他人打工了。"徐俭浩不假思索地回答。虽没有遭受创业失败，但自主创业这条路从来不会一帆风顺。遇到过刻意刁难、无端闹事的买家，也曾经日日熬夜未眠只为深夜少有的几笔订单，这些他从未向父母提及。他顾及父母的身体，不想让他们操心，所以面对困难都是自己尽其所能去解决。当我们问及父母所提供的帮助时，他说："支持就是帮助，家人是我的精神支柱，这条路是我自己选的，再苦再累也要自己承担，好在熬过来了。"每当说起家庭的时候，徐俭浩的言语总是透着温暖。如果创业失败，对他来说并非绝境，因为他心中有着强大的后盾：他的家。其实大部分创业者都遇到过家庭的阻力，比起不确定的将来，父母更希望自己的孩子能有一个稳定的生活。但徐俭浩杰出的经营能力与调解能力让父母十分信服，更重要的是，徐俭浩吃苦耐劳、为了目标奋勇拼搏、不屈于现实的精神让人钦佩和折服。

另寻出路，速卖通上斩荆棘

毕业后，他仍毅然走上了创业的道路。"现在在做速卖通，我的主营类目是女装，月销售额倒也有 30 万元，销量是累积的，日出单也有 150 多件。"这样的成绩对于创业道路上的新手是非常可观的。从淘宝抽身前往速卖通奋战，便又是他分析时局、把握机遇的结果。

全球速卖通是阿里巴巴旗下唯一面向全球市场打造的在线交易平台，被广大卖家称为"国际版淘宝"。像淘宝网一样，商家把商品编辑成在线信息，通过速卖通平台发布到海外。徐俭浩把握时局，毕业后便放弃了原先的淘宝店，我们不免为此而可惜，毕竟将一个店铺升钻升冠并非易事。"放弃倾注那么多心血的店铺难道不心疼吗？""要想成功首先要学会取舍，舍不得孩子套不到狼嘛，这些年来淘宝发展迅速，与其抱着濒临饱和的淘宝不放，倒不如投身到机会重重的速卖通之中。"徐俭浩在选取商品上又是一番苦战，最后敲定了女装。

有了更大的发展空间，困难也接踵而来。相比之前的淘宝，速卖通最大的特点就是顾客是面向全世界的，所以在销售方面就会产生许多淘宝没有遇到的问题，比如说语言障碍。来自全球各地的消费者自然有着许多种不同的语言，虽然绝大部分都可以用英语沟通，但难免会有无法用英语沟通的顾客，这类语言问题所需投入的精力也是不容小觑的。不仅如此，要想招呼好外国顾客，还得了解他们的生活习性以及个性爱好，毕竟外国人和中国人还是存在着较大文化差异的。除此以外，还存在物流运输方面的问题。因为货物是送往国外的，所花费的时间和运费相对于淘宝的国内快递要多得多。遇到难缠的顾客要退货换货等，损失亦是十分惨重。在时间上，比较近的国家，像俄罗斯、韩国、日本等基本上 10～30 天之内都可以送到；而那些离中国较远的国家就需要花费相当长的时间，有些甚至要花上 3 个月之久。因此曾有客人打趣道："棉衣已收到，我很喜欢，可惜我没法穿，我们这儿已经是夏天了。"所以在速卖通进行物品销售，是相当考验卖家的细心与耐心的。

好在徐俭浩已有了属于自己的团队,"现在招了三个客服和一个打包员,加上家里也会给予一定的支持。"做了团队领导者的他虽然不用像以前那样干很多体力活,不过要领导好一个团队绝非易事,团队产生分歧更是家常便饭。"我虽然没有学过管理学,但我认为只要目标一致,再大的分歧都能解决。当然团队领导者要充分发挥其作用。"创业道路上一个团队的成员们能聚在一起,无非是奔着类似甚至相同的目标与理想。在奋斗道路上存在意见差异也是无可厚非的,但放眼众多团体,许多即使有着相同目标最终也不得不面临分道扬镳的结局,这并不是因为他们的才能不足,也不是源于他们的目标不可行,很多是因为团队领导者无法协调统一团队的内部矛盾。因此无论是团队领导者还是团队成员,都应各司其职。

"在团队成员中,最基本的就是客服能力,在顾客心目中客服便是店铺形象,所以热情、细心、耐心是客服必须有的品质。美工方面和文案策划方面也要有专人负责,这些小细节往往也能决定一家店铺的成败。还有便是执行能力了,说是一回事,做又是另一回事,眼高手低绝不可取,只有肯付诸实践才是团队所需要的。"不仅仅是对团队成员的选取,连领导者应有的能力徐俭浩也颇有心得。他再次强调了领导者所要具备的数据分析能力,与此同时推广与日常运营方面的能力也要跟得上。

我们能从中感悟到的是:领导者要有大局观,懂得全面协调各方矛盾;而团队成员也要有服从命令安排的觉悟,有异议应选择正确的方式去沟通解决。在思想创意上做到竞争与和谐,这才是有利于一个团队实现目标的不二法则。不想当将军的士兵不是好士兵,徐俭浩也不满足于仅几人的小团队,他预期会在两年内组建一个不少于 20 人的团队。

其实在速卖通这条道路上,徐俭浩走得仍很艰辛,但他从来都不会轻言放弃。生意发展到现今,日销售量基本能稳定在 150 件以上,月销售额也达 30 万元之多。相信他取得更出色的成绩指日可待。

兢兢业业,个人品质促成功

在徐俭浩的身上,我们还能看出许多其他的优秀品质,这些也可以归纳成一个优秀的创业者所必须具备的品质:首先,一个创业者必须有坚定的信念和理想,坚信自己所选择的道路并为之努力奋斗。有目标才会有动力,理想能够为一个创业者提供无限动力,是支撑其不断前进的基石。其次,一个优秀的生意人要有脚踏实地的品质以及不怕失败的顽强意志。徐俭浩在回忆过去时也曾说:"做好一家店铺,不要想着投机取巧,要踏实勤勉地走下去,不管成功还是失败。"妄想一步登天、害怕失败的人注定是会失败的。最后,也是我们认为最关键的一点,就是要有乐观向上的心态,以及积极进取、不断学习的精神。年轻的徐俭浩完完全全体现了他天生乐观、对未来充满理想这一性格特点,并且这种性格在他的事业上也起着至关重要的作用。

采/访/后/记

知识不仅来源于书本,感悟也并非有着固定答案。此次采访之旅,我们不只是向徐俭浩讨教了创业路程,更是在探讨人生的旅程。在成长路途中,或许我们有过迷茫与受挫,在这攀登高塔的路途中并不是谁都会拉你一把的,而徐俭浩也许正是身边这么多良师益友中最合适的那一个。无论我们今后是走上就业还是创业的道路,这次采访所得的教益将是永久的。

教/师/点/评

创业果实总是长在荆棘丛中,倘若没有勇气承受荆棘所带来的伤害,便也没有机会看到创业的希望曙光。表面看起来,徐俭浩是幸运的,选对了商品,获得了家人的支持,于是成就了那个小小的传奇;可他也是不易的,做了大量实地调研,恶补技能扩充知识面,费尽心思选取商品,拼尽全力运营店铺,徐俭浩的创业是以坚定的意志和坚强的品质奠定而成的。徐俭浩懂得从经验中获取的养分远比从书中得来的要丰富多彩以及经验教训更能使人受益匪浅的道理,从而在创业道路上少走了许多冤枉路。更难得的是,他依然保持了学生时代的低调与谦虚,因此那份属于他的骄傲与成就更是实至名归。

朱俊杰
与时俱进做电商，立足家乡创事业

文/图：虞家豪　郁明明　曾华斌　张凯波
指导教师：姜赤刚

创/业/者/名/片

朱俊杰　浙江大学宁波理工学院经贸学院电子商务专业 2011 届毕业生，江苏省南通市通州区俊茂贸易有限公司负责人。该公司主营各种档次的家纺和各类织带。公司现已在淘宝网和阿里巴巴上进行线上销售。

朱俊杰（右二）生活照

巧赚第一桶金

朱俊杰简洁的发型、小麦色的健康皮肤、强壮的体格无不展示着当年宁波理工学院足球队员的英姿。嘴角的微笑，显示着他对生活的乐观和待人的和善。作为学生，大学四年他努力学习，但他并不安于现状，课堂上的知识已无法填满他求知的心，这使课下的他犹如一块巨大的磁铁，吸收着无穷的知识；作为公司创办者和负责人，他拼搏奋斗，在运用已学知识的前提下，更是大胆创新，一步步创建着自己的事业王国。在家长眼里，他还只是一个孩子；在同学眼里，他勇于开拓，运用自己的知识和见解，在现今电商企业云集的情况下，拥有了属于自己的一番天地；但是在朱俊杰自己眼里，他还是一个初学者，"我只是站在巨人的肩头上看到了大海的一小部分"。开始时的成功确实给他带来了不少喜悦，但喜悦过后，更需要的是对未来的有效规划和向前人的请教。虚心的他拥有一颗不平凡的雄心。

采访那天，我们从他口中获知，他的父亲是做是土木生意的，而他的母亲是会计。正是有了商贾之家环境的熏陶，才使创业的念头在朱俊杰心里不断生根发芽，成就了现在的他。这个看上去温文儒雅的男生，骨子里却有着一股不可磨灭的雄心。当向其问及"创业之路"时，我们的采访正式开始拉开帷幕。

"创业就像踢足球一样，我挥洒汗水，投入激情，用努力与智慧克服困难，当我成功后，就像进了球一样。"朱俊杰说。

在众多的创业规划中，电商无疑是一块易于诞生奇迹的沃土，朱俊杰毫不犹豫选择了开淘宝店，并借助自己家在南通，有资源、人脉等一系列优势，通过亲戚朋友的介绍，拿到一些比较优质的商品。得到了固定的货源，后续的运作就能如期跟上。由于是第一次创业尝试，朱俊杰对淘宝店的运营是在摸索中进行的。在对商品进行选择时，他什么都想尝试，既想卖这个，又想卖那个。

最后朱俊杰发现结合自己的资源，家纺是他的不二选择。通过调查，他发现淘宝上家纺产业有着巨大的利润。凭借自身稳定而且优质的货源，他完全可以在质量与价格上打败竞争对手。

"第一桶金来得不难，当时我正好赶上'双11'，而我的产品价格又比同行低一点，所以当天就获得了巨大的收益。说实话，淘宝上同行的竞争还是很激烈的，但是你越早参与这行业，顾客就越多；你的货源越好，店铺的吸引力就越大。但是和那些知名品牌的专卖店比，我还是有很多的缺陷，毕竟名气不够啊。"尽管如此，朱俊杰仍颇为自豪。

回到家乡开始创业，店刚开时，单子便陆陆续续来了，虽然收获不大，但却是个很好的开始。可是一个人的创业注定是有困难的，所有的苦与累要一个人来承担。所幸，"双11"的数千单子消除了他全部的疲惫与担心。男儿的雄心壮志开始升起，之后的工作对于他来说更是充满激情。

从最初惶惶然、惊魂未定的尝试，到现在有十几名员工的网店、稳定的月利润，整个过程像是演绎了一场淘宝家纺店的《速度与激情》，只是炎炎赛道换成了网店的经营与守候，轰鸣的赛车换成了忙碌的身影。

白手起家粒粒辛

"做家纺的时候,我对整个市场不熟悉,而且对信息的整理也不擅长,所以一开始拿到图片就上架,想上架的东西多一点。但是由于家纺物品种类很散,我后来才发现商品弄得很乱,分不清楚;而且那时我初出茅庐,管理方式不善,一开始就吃了亏;再加上在商城上做的话,缺货会被扣30％的交易额。"朱俊杰说。所以这也提醒我们,一开始创业的时候最好不要做商城,要选择做个人店铺。因为这样人力、物力和财力比较宽裕。

后来他凭借自己对家纺的了解,做起了淘宝。一开始的时候,一天起码有十几单的销量,让他感觉很不错。尝到了甜头,他就准备努力做下去,但是问题很快就出现了:由于订单的数量远远多于一般同行,并且顾客的评价也不错,所以他被误以为炒作信誉,以至于一个两钻的淘宝店差点就被封了。之后朱俊杰试着去申诉,经过一个月的痛定思痛,他顽强地重新开店了。这不仅是一次失败,更是一次磨炼,它带来的不只是痛苦,还有经验。朱俊杰说:"创业不是那么容易的,要考虑到种种因素,这样才能不在创业的道路上跌倒。"

"有时候还会遇到一些激进的人,一点不满意就给差评。"朱俊杰笑着说。这时候他就会去和他们沟通、协商,争取做到让他们满意,取消差评,这样才能在淘宝里生存下去。

一提到创业那些事,朱俊杰感叹:"真苦呀,一开始什么都没有,只能靠家里的资助。人员呀,就只有我一个人。"

创业以后,因为缺钱缺人,加上对产品的了解不多,所以他遇到的困难是比较多的。2011年"双11"的时候,订单很多,而当时团队只有3个人,由于来不及发货,店铺的评分开始下降。因为评分不能自己改,所以在发出商品的时候每个包装都加入了道歉信,说明为什么会这么慢。为了加快送货速度,朱俊杰换了另一家快递公司,之后一个个再去协商,让他们给好评,评分就有了好转。

朱俊杰提醒我们,创业要找有特长的人,比如网页,要请美工来做。虽然我们是学电商的,但是我们学的东西是偏管理和营销的,没有美工方面操作的经验,因此必须找朋友,通过朋友介绍朋友,然后把对自己创业有利的资源都统统利用起来。为了让企业活下去,身为领导者的朱俊杰要为企业着想,为企业注入新的血液,这样才能带领企业腾飞。他就这样找着对企业有用的人,把他们纳入麾下，成为自己创业过程中的一个齿轮，运转出新的成就。

创业过程中，团队讨论一定会有一些小摩擦。"意见不同是正常的，如果我们的看法都一样，我们还有讨论的必要吗？"朱俊杰这样说道。这时，他们会再次讨论问题，直到意见一致，这是身为领导者该有的风范。

"要想创好业，就必须在创业过程中，边磨炼边学习，使自己成长，学会观察、整理、分析，这些都是创业中必需的，"朱俊杰意味深长地说，"每一次失败都使我得到了成长，使我明白了这个社会，成功要靠自己的努力和团队的协作。但是更为重要的是诚信问题，诚信没了什么都做不成。首先要树立自己的品牌，这样才能慢慢走向成功。"

产品、营销和团队

谈及未来，朱俊杰言语间透露的更多是不确定，他坦言自己也是摸着石头过河，只能在心里大致设想公司的发展。

"很关键的一点是要拥有自己核心竞争力的产品。"家纺行业同质化现象严重，急需一个好的产品。更好的厂家，提供更优质的货源，通过团队的包装运营，才能打造一个网络的品牌。好的产品，就是好的推广，口碑的力量毫无疑问是巨大的。"能做到今天这一步，也算是机缘巧合吧。"如今的朱俊杰依旧时常去市场与阿里巴巴逛逛，找寻自己心仪的产品，卖什么就要成为这一方面的专家，这是一个边卖边学的持续过程。

优秀的营销手段是销量增长强有力的催化剂，东西是好东西，可怎么让别人知道呢？朱俊杰目前有两个厂家，固定了几个供应商，要进一步推广的话，线上就是直通车、淘客等耳熟能详的方式，但网上接到的大部分都是零散的小订单，所以朱俊杰也有意向发展线下的实体店，这种看得见摸得着的品质，是网上第一时间很难呈现出来的。朱俊杰通过线上与线下结合的形式来扩大销量。另外，有创新因子的产品能让人耳目一新，那么问题也就摆在眼前了：什么是创意？怎样才能让人眼前一亮，抑或是让人为之惊叹？或许答案在朱俊杰心里仍是个未知数吧。

经过长期的磨合与熟悉，这支由年轻的心组成的队伍可以说是稳稳行驶在了航道上。"小团队有小团队的优势，大品牌往往更多追求广度，而小团队能在深度和细节上做得更加充分。"相比泰坦尼克号巨轮，目前他们只是一叶小舟，遇到冰山，更容易及时调转航向。保证团队的执行力，任何时候都是团队得以维持的动力。谁都不能小看这样一支年轻的团队。任何事物都有其潜在爆发力，十多年前的马云领着一群"乌合之众"创立了阿里巴巴，才有了十多年后一个谁也没想到的结局，现如今朱俊杰的团队亦是如此。

产品、营销和团队，每一个节点环环相扣，任何一点的创新都能为其注入一股新鲜的活力，"还有很多的事要做，还有很多的路要走"，只能用这样一句话来概括了吧。

几年后当我们走出校园，我们或许是浮躁与幼稚的，却是不应被嘲笑和轻视的，或许正是这种激情大于理性的精神，让我们尝到了创业的滋味。每个创业者血液里都渴望将激情传播，将奇迹延续。那么结局到底会如何？或许只有时间知道吧。

把握时机，创造商机

朱俊杰之所以回家创业，这里面可大有讲究。因为他的家在江苏省南通市通州区，临近中国的家纺名城——南通家纺城。这个先天条件为朱俊杰的创业奠定了基础。

南通家纺城

南通家纺城致力于打造世界家纺中心，其中面料市场的营业面积达 50 万平方米，拥有 3 万多款各种面料，经营的产品涉及纯棉、麻棉、丝棉、蚕丝、蛋白纤维、玉米纤维、牛奶纤维、竹纤维、碳纤维等系列，拥有印花、喷花、提花、绣花、手绘等 10 万余款花型。正是这丰富的面料资源和广大市场,为朱骏杰公司的成功创立以及产品的推广打下了良好的基础。

中国南通家纺城开工建设以来,得到党中央、省、市、县(市)领导和一些外省、市党政领导的亲切关怀和支持,同时当地政府各部门始终给予优质高效的服务。正是有了南通家纺城这颗闪亮的明珠,才使朱俊杰的创业之路更加通畅。但不能否认的是朱俊杰在创业过程中始终保持着那股毅力和初生牛犊不怕虎的闯劲。创业的经验是在不断摸索中积累的,从最初的盲目到如今的得心应手,少不了一路上的磕磕碰碰。能够逆流而上且不放弃梦想的人,总能不断抓住机会,在成功道路上走得更加坚定。我们祝愿怀抱远大理想的朱俊杰能在电子商务的舞台上更加璀璨夺目。

采/访/后/记

这次的采访使我们收益颇丰。在这个经济高速发展的社会,贸易已离不开电子商务,我们既然意识到了电子商务的重要性,就应当好好努力掌握我们现在所学的知识,做到学以致用,做好未来投入更广阔电商事业的准备。

同时我们也领悟到创业的艰难与苦楚。每个创业者都有一颗为自己的梦想而努力奋斗的心,每个创业者的背后都有一段辛酸艰苦的历史。我们的眼光不能拘泥于那些光鲜亮丽的外表,而忽视这美丽外表下的汗水。有了高新的技术和敢于闯荡的创业精神,才能开创出一片美好的电商世界。

教/师/点/评

朱俊杰是创业者当中的幸运儿。通过梳理家乡的资源与人脉,将家纺产业作为自己第一桶金的来源,无疑是对创业的成功具有决定性的选择,但不可否认其中是有一定风险的。所幸朱俊杰能知人善用,重视团队建设与协作,同时慢慢意识到品牌对产品竞争力的核心作用,不断探索有效的营销渠道与方式,将创业初期的激情和冲动逐渐转化为创业中后期的理性分析和规划。朱俊杰在电子商务的舞台上持续演出自己别样的精彩,也为后来者提供了相应的借鉴。

李 畅
不后悔报考这个专业，
跨境电商是我的最爱

文/图：林晓君　章滨滨　黄梦桦　尤伊靖
指导教师：董新平

创/业/者/名/片

李畅工作照

　　李 畅 浙江大学宁波理工学院经贸学院电子商务专业 2014 届学生，在校期间开始自主创业，现为宁波市保税区某电子商务有限公司负责人。公司主营免税进口中高档咖啡业务、母婴用品、洋酒等。目前，企业运转正常，线上线下业务同步推进，发展形势良好。

听从建议报电商专业，大学生活积累无形财富

　　李畅生于金华浦江的一个普通家庭，父亲是一名教师，母亲是一名药师。他从小成绩优异，担任过生活委员、课代表等职务。2010 年的高考，坊间传言很难，也难住了李畅。成绩出来时，出乎意料，他作为一名佼佼者失利了。他失落过，想过复读，可是父亲朋友的一番话点醒了他："在学校里再苦读一年不如在社会里摸爬滚打一年。"李畅父亲的这位朋友是一名 IT 行业从事者，也是改变他命运的人。这位 IT 行业从事者凭借着他对电子商务发展的敏锐洞察力，推荐他填报电子商务专业并向他详细解释了这个专业的情况。虽然填

采访团队与李畅合影

报志愿时电子商务专业仅仅是这名理科男生的一个保底专业,但是他也做过了解,也从心里喜欢这个专业。

四年后,我们问他后不后悔选了这个专业。他回想起大学四年,还是觉得当初的选择是正确的。李畅觉得电商这个专业与其他专业不同,需要更多的热情投入其中。与别的专业相比,电商更是个妙趣横生的专业,其中的乐趣,更待我们自己去探寻。

正如许多大学生一样,李畅在刚入学时怀揣着梦想,畅想着他美好的未来。可是一股新鲜劲儿过去后就是有点"枯燥"的生活,不是上课就是待在寝室里玩玩游戏,或是出去锻炼身体,和三五好友出去打打球。说起打球,李畅也有自己的见解,他认为自己是一个集体荣誉感强的男生,所以对一些集体性体育活动尤其感兴趣。对他而言,大一、大二时更多的时间就是完成学校社团部门里的工作。李畅认为在社团工作对于个人的成长很有帮助,能够锻炼很多方面的能力,也能认识更多的朋友,为自己的创业打下了基础。一步一步地走过来,他最终成为学校社联办公室的负责人。

李畅在大学期间就与社会接触,不做死读书的人。他在大一至大三期间开始做一些自己喜欢的事。李畅当过家教,在农业银行实习过,在大二时甚至去卖过收音机,这些经历都为他日后的创业积累了经验。做家教,让他能有机会以不同的视角去观察别人学习的过程。与家长沟通也是必不可少的,通过与学生家人的谈话能了解学生平时的学习状态,也深深体会到父母培养孩子的良苦用心。正是因为做家教,使他觉得应该严格要求自己。家教,让他锻炼了表达能力、交往能力以及职业技能。而在银行实习,需要无比的细心,因为在银行任何一个小小的差错都会带来无法估计的损失。在银行更需要耐心,银行让他有机会接触形形色色的人,学着与不同人的沟通交流。这种种锻炼都潜移默化地影响着李畅。

众所周知,大学里的英语考试不同于初高中,需要使用收音机辅助。那些初入大学象牙塔里的学弟学妹们却不清楚这种状况。李畅和他的伙伴们就瞄准了这个商机,开始在校园里向大一的学弟学妹们推销收音机。推销是一件十分锻炼口才以及与人打交道能力的事。他们为了之后不因目标人群的交叉发生冲突,就事先将团队分好组,不同的小组负责不同学院的销售工作。为了得到更好的营销效果,李畅和伙伴们从各班班长入手,由班长这条线向每个同学推销,策略是价格稍低,薄利多销,迅速占领市场。就这样,在学期初很多班的收音机都从他们手中买入。因为目标人群明确,抓对了销售的时机,那次收音机买卖赚了不少,大大提高了李畅的销售信心。

一次次的经历,就像一块块的隐形磨刀石,将李畅的稚嫩慢慢磨去,使他走向成熟。

萌发创业想法,探索合适项目

在如今竞争激烈的市场上,不主动抢占先机,就很有可能错失良机。在这个激烈的竞争过程当中,及时醒悟并积极探索是至关重要的,而这对李畅学长来说并不算迟,为什么这么说呢?

在舒适的大一、大二生活结束后,李畅开始意识到个人职业规划对未来发展的重要性。他说大一、大二就像是生活在象牙塔里,没有什么紧迫感;但是大三、大四感觉到必须对自己的未来负责,因为已经不是十几岁的小孩子了,必须对毕业后的生活进行规划。对于现在的创业,书面知识所起的作用只占30%,剩下的70%则是社会交际能力、拓展人脉能力、执行力等,可见社会活动能力的重要性。一个公司不仅需要创新人才,还要有制度和完整的体系与流程,一旦负责流程体系的人出错,整个公司将无法正常运转。

　　说到创业动机,李畅向我们介绍道,他觉得他选择的这个专业——电子商务,有天生的创业优势,创业是必然的,不创业去打工可能错失成就事业的良机。李畅学长解释说,做客服是没有发展前途的,做美工也要看承担的工作责任的大小,承担重要的责任才能有好的收入,所以选择工种也很重要。李畅认为,收入的高低要看各人的性格与担当的责任大小,平稳的人可以去做公务员,追求刺激的人可以去创业、去超越自己。他说自己本来一直就想寻求刺激,挑战自己,看看自己究竟有多大潜力。大四开学初,学校电子商务专业老师组织去宁波保税区某电子商务公司参观,并提供了自主创业的机会,李畅感觉到宁波保税区跨境电子商务项目是一个新的行业,也是很好的创业机会,就一直跟随学校和合作企业的安排逐步介入。

　　在无拘无束的大一、大二两年时间里,李畅通过担任班干部、校社联干部等为自己接下来的创业在人脉方面打下了良好的基础。李畅说创业伙伴是通过学校社团部门的一些扩散效应认识的,当时一起聊天就聊到创业,得知另外三个同学也有创业的想法,于是一拍即合,组成了一支创业团队——两个电商专业同学、一个广告专业同学、一个物流专业同学,很好地起到专业上的互相补充作用。但当时还没有找到好的创业项目,尝到了大二卖收音机赚钱创业的甜头之后,李畅意识到要占领市场必须做大家感兴趣且能长期发展的项目的道理。大四上学期李畅开始思考做什么项目,机会是留给有准备人的,创业团队一个成员家里正好是某品牌咖啡的全国代理,对咖啡也有一定的了解。李畅认识到咖啡是一个相对好上手的行业,他没有随大流做红酒,一是因为获得咖啡的货源渠道相对红酒轻松,毕竟身边就有做这方面的人;二是因为供需关系,红酒是一种软性需求,可买可不买,而现在对于保税区来说红酒已经供大于求。最后通过商议,李畅创业团队选择了从冲饮类着手做咖啡这个项目。

　　确定了创业项目之后,他们不断了解冲饮类产品的知识,包括选款、运营策略等。在对该项目做了调查以及可行性分析等大量前期工作后,李畅等人发现冲饮类项目一般两三个月甚至半年内不会有起色,要想办法让其起步快,正好借助跨境电商试点的机会,可以把咖啡带入电商。加上浙江省内只有宁波有保税区,在保税区中间成本税减少了,产品也有品质保证,李畅等人在适当时候可以降低产品价格,为以后打开市场打下良好基础。

艰辛创业靠坚持，大胆跨入新电商

新电商意味着有别于我们日常所说的电子商务行业，这里的"新"是指电商行业涉及较晚的领域——进口电商。"新"意味着没有成功的经营案例可以借鉴；"新"意味着这一领域等待着人们去揭开它神秘的面纱；"新"意味着一切的游戏规则都由游戏人员自行创造。

当我们问到创业后他的日常生活规律方面有什么改变时，李畅表示干电商这行没什么生活规律可言，都是没日没夜地工作。从公司创立到现在，没有几个周末是不加班的，他自嘲熬夜熬得黑眼圈都可以媲美国宝大熊猫了，就连女朋友也没有多余的时间去陪伴，差点分手。

创业的过程是艰辛的，是比拼意志力与耐力的持久战；电商行业新公司的创立更需要耐得住"寂寞"，因为做网店这一部分，发货和客服的工作十分枯燥；客服需要不断地回答客户那些一再重复的问题，负责发货的员工也是每天重复地解决相同的订单问题。就算你再厌烦工作的枯燥无味，也必须坚持下去，因为每一个从事电商行业的人员都必须从基层也就是客服这一工作岗位去了解整个行业的概况。

李畅的公司总共就四人，分管美工、行政、人事、文案和物流。因为人少的缘故，忙时每个人都必须身兼数职，而客服毋庸置疑是每个人都不可推卸的基层工作。李畅透露，在创业初期，他的满腔豪情壮志也曾受过打击，原因就是这枯燥乏味的客服工作。他原来理想中的创业就是在办公室里指点江山，挥斥方遒，哪知理想是丰满的，现实是骨感的，差距太大，落差也愈发强烈，甚至令他萌发要不要放弃的疑惑。最终，李畅在家中父母长辈与亲友的鼓励下，在公司创业伙伴的激励中，在心爱女友的默默陪伴里，坚定信心，坚持与他的战友们并肩作战，共同开拓进口电子商务贸易这一电商新领域。

在公司的管理上，李畅也有自己的体会。作为一个领导，与员工不可避免会有些冲突，他惋惜道，之前曾有一个他很看好的员工的提案被否决，他知道这份提案是这名员工日夜辛苦努力的结果，但实在不适合正在起步的公司。当时没有太在意，只是否决了就以为事情过去了，没想到后来竟挽留不住这名员工，想想还是因为自己不太懂得如何处理。现在他认识到，作为一个领导在工作上必须扮演好"红脸"与"黑脸"的角色，刚柔并济。公事上否决员工的方案时，可能会引起员工的不满，这是领导必须承受的，因此私

经营产品展示

底下要进行适当安抚,经常性地与员工互动交流,通过谈心交流等给予适度的缓和。

学习摸索探未来,关注时事新玩法

在一个初入社会的大学毕业生眼里,对天猫国际未来的发展,对保税区政策的试点实施,对自身及公司的前进方向依旧需要探索。李畅说,自己先以学习为主,跨境电商现在还不太成熟,大家都是在学习。现在跨境电商的技术、资金、渠道的门槛是很高的,三者缺一不可。谁先摸索到天猫国际这一方向的新玩法,成功掌握了国家对这一试点政策的要点,谁就是第一个吃到螃蟹的成功者。

作为学长,李畅对学弟学妹们有自己独到的见解与建议。他建议我们多注重书面与实践的结合,暑期社会实践要放到前面一点。步入社会时书面上的知识至多只占30%,并不是说知识没有用,只是这些学得较早,到了大四毕业这些知识能记住大概已经很不错了。他甚至开玩笑说,大一新生刚来就开始做社会实践,然后开始大四、大三、大二、大一这样倒着上课的话也许会更好。

李畅最后告诉我们:要多去了解电商行业的新规则,了解电商大佬在干什么,关注他们的玩法,但不要走他们的老套路。电商,是一个辛苦的行业,是一个快速发展的行业,是一个需要创新的行业,是一个必须注入新鲜血液进行不断尝试方能有所成就的新兴行业。学习电商,投入电商,我们有极大的机会拥有光明的未来。

采/访/后/记

实地参观和与李畅学长交流,使我们大致了解了一个电商创业公司的活动流程以及各职能部门的分工,了解了正在建设中的保税区与不断完善的支持政策。李畅让我们懂得在大学里不能得过且过、懒散而毫无目标,我们必须利用丰富的大学生活拓宽视野,建立人脉,为以后的创业打下扎实的基础。他告诉我们在大学里不只要注重理论知识学习,更需要将理论运用到实践中,在实践中发现问题,并自己解决。

教/师/点/评

在老师印象里,李畅平时言语不多,似乎不善言辞,但课堂回答问题时不从众,思想独到,有自己的见解。从学弟学妹对他的采访中我才知道,他是一个希望走在时代前沿、有想法、善于抓机会的学生。选专业他听从建议选了一个新兴专业,选创业领域他敢做跨境电子商务,也许这正契合了电子商务开拓所需要的创新精神。现在他的公司业务有多火爆并不是我最看重的,他敢为人先的创新、创业精神,才是最值得称道和坚持的。

附　录

《电商大课堂：点击创业梦》
采访对象、指导教师与小组成员名单

总 指 导	许为民			
指导教师	张　炯	林承亮	董新平	娄赤刚
	周春华	肖　玮	冯　艳	李成刚

第一篇　选择：踏上创业路

采访对象	李世阳			
指导教师	张　炯			
小组成员	韩　宇	邵亚萍	曾华斌	

采访对象	周　亮			
指导教师	林承亮			
小组成员	江维丽	沈哲斌	董丽妹	刘晓俊

采访对象	郭　锋			
指导教师	李成刚			
小组成员	麻骁羚	钱金艳	蒋大康	潘建栋

采访对象	戚江磊			
指导教师	肖　玮			
小组成员	李　盼	王泽敏	仇丽敏	凌晓敏

采访对象	穆星宇			
指导教师	娄赤刚			
小组成员	韩　宇	陈丹婷	孟　梅	

采访对象	高　烨			
指导教师	董新平			
小组成员	王　馨	赵灵杰		

采访对象	焦　燃			
指导教师	周春华			
小组成员	汪　悦	吴莹莹	周佩宜	吕昕睿
	赵艳丽			

第二篇　历练：无惧创业苦

采访对象	瞿小康			
指导教师	冯　艳			
小组成员	陈　霞	何莎莎	高华琴	刘梦璠

采访对象	俞江敏			
指导教师	李成刚			
小组成员	王　菲	汪虹霓	刘佳萍	刘珊珊

采访对象	童华瑞	沈叶烽	徐佳东	
指导教师	周春华	冯　艳		
小组成员	包晨秋	陈佳琦	陈艺之	潘佳烽
	艾靖楠	张元辉	王苏婷	黄啊缘

采访对象	潘绍斌	沈　昀		
指导教师	林承亮			
小组成员	白　冰	李　成	叶晓诚	高佳钦

采访对象	周　诚			
指导教师	肖　玮			
小组成员	宫　倩	周　星	袁　杰	韩安特

采访对象	林　燕			
指导教师	娄赤刚			
小组成员	邵哲伟	沈　璐	王林冰	陈　伟

第三篇　坚守:实现创业梦

采访对象	黄鹏凯			
指导教师	张　炯			
小组成员	卢　灏	李昱廷	楼浩嘉	庞杨杰

采访对象	杨一洲			
指导教师	张　炯			
小组成员	郑梦瑶	郑碧莹	卢　峰	杨炳泓

采访对象	王永伟			
指导教师	张　炯			
小组成员	张国飞	凌　虹	于金雄	李小雨

采访对象	余修政			
指导教师	周春华			
小组成员	郑　慧	周雅静	舒华伦	沈金琦

采访对象	黄　苏			
指导教师	林承亮			
小组成员	袁诗朦	夏丽燕	李　明	陈智渊

采访对象	徐俭浩			
指导教师	李成刚			
小组成员	张　瑜	韦玉虹	俞　凯	赵书聪

采访对象	朱俊杰			
指导教师	娄赤刚			
小组成员	虞家豪	郁明明	曾华斌	张凯波

采访对象	李　畅			
指导教师	董新平			
小组成员	林晓君	章滨滨	黄梦桦	尤伊靖

图书在版编目(CIP)数据

电商大课堂:点击创业梦 / 许为民,张炯编. —
杭州:浙江大学出版社,2015.12
(高校"一化三型"人才培养践行记 / 肖文主编)
ISBN 978-7-308-15075-0

Ⅰ.①电… Ⅱ.①许… ②张… Ⅲ.①电子商务—商
业经营—经验—中国 Ⅳ.①F724.6

中国版本图书馆 CIP 数据核字(2015)第 205705 号

电商大课堂:点击创业梦

许为民　张　炯　编

责任编辑	张　琛
责任校对	蔡圆圆
封面设计	项梦怡
出版发行	浙江大学出版社
	(杭州市天目山路 148 号　邮政编码 310007)
	(网址:http://www.zjupress.com)
排　版	杭州金旭广告有限公司
印　刷	浙江省良渚印刷厂
开　本	710mm×1000mm　1/16
印　张	10.75
字　数	186 千
版 印 次	2015 年 12 月第 1 版　2015 年 12 月第 1 次印刷
书　号	ISBN 978-7-308-15075-0
定　价	28.00 元